오늘부터 우리 집에
식물이 살아요

미세먼지 없애주는 우리 집 반려식물

오늘부터 우리 집에
식물이 살아요

위드플랜츠 **권지연**

북센스

지은이의 말

플랜테리어라는 단어를 쓰기 시작한 지 채 몇 년도 되지 않아 사람들의 관심이 쏠리는 것을 보니 신기할 따름이다. 그동안 나 혼자 쌓아왔던 경험과 지식을 책에 담아 독자들과 공유한다고 생각하니 뿌듯하기도 하고 부담스러운 것도 사실이다. 처음 이 일을 시작하게 된 동기는 명확했다. 조경을 전공하면서 정원을 아름답게 연출하는 것이 좋았다. 그리고 나도 정원을 갖고 싶었다. 하지만 서울에서 정원을 갖는다는 것이 얼마나 어려운 일인가. 그러다 보니 실내에 화분을 들이는 것으로 위안을 삼을 수밖에 없는데, 대부분의 집에서 화분이란 '선물로 받은 것' 내지는 '베란다에 모아두는 엄마의 전유물'이었다. 심지어 큰 화분을 애물단지로 여기는 사람들도 많았다. 사람들은 인테리어를 세련되게 연출하기 위해 비싼 가구나 소품에는 큰 비용을 지출하기도 하지만 식물에는 인색하기 짝이 없었다. '사람들이 식물과 화분이 예뻐서, 인테리어 오브제로 생각하고 깊이 고민하고 들여놓는다면 얼마나 좋을까. 예쁜 식물이 얼마나 많은데.'라는 생각으로 이 일을 시작했다.

좋은 식물을 잘 어울리는 화기에 담고 적재적소에 배치하는 것, 그래서 식물과 화기의 가치를 잘 표현해 주는 것, 그것이야 말로 내가 가장 중요하게 생각하는 것이다. 플랜테리어라는 거창하게 들릴지도 모르는 단어가 좀 더 친숙하게 독자들과 만났으면 좋겠다는 생각으로 많은 고민 끝에 이 책을 세상 밖으로 내민다. 많은 분들이 이 책을 보고 내 공간에 식물을 들이는 일이 얼마나 아름다운 일인지 직접 느꼈으면 한다.

식물 들이기 좋은 날 위드플랜츠에서

권지연

차례

Contents

5 지은이의 말

**Intro 식물과 함께
살고 싶은 당신에게**

10 식물과 함께 하는 생활이란?
15 내게 맞는 식물은?
18 나만의 반려식물을 찾아라_반려식물 체크리스트
20 내게 꼭 맞는 반려식물로 시작하는 플랜테리어

**1 우리 집에 꼭 맞는
반려식물 고르기 120**

24 마이너스 손을 위한 쉽게 죽지 않는 식물 *Top 10*
26 미세먼지를 없애주는 공기정화 식물 *Top 10*
28 가습기를 대신해 습도를 조절해주는 식물 *Top 10*
30 독성이 있어 반려동물에게 위험한 식물 *Top 10*
32 반려동물에게 안전한 식물 *Top 10*
34 키우는 재미가 있어 아이들이 좋아하는 식물 *Top 10*
36 집중력을 높여주는 맞춤형 식물 *Top 10*
38 거실에 두면 인테리어 효과가 좋은 식물 *Top 10*
40 숙면을 도와주는 침실용 식물 *Top 10*
42 유해가스를 줄여 주방에 두면 좋은 식물 *Top 10*
44 냄새를 없애주고 어디서나 잘 자라는 욕실용 식물 *Top 10*
46 북유럽 인테리어에 어울리는 식물 *Top 10*

**2 플랜테리어를 위해
꼭 알아야 할 것들**

홈가드닝을 위한 기본 갖추기
53 도구
54 흙

반려식물 고르기
- 58 건강한 식물 고르기
- 58 내게 맞는 크기의 식물 고르기
- 59 미세먼지 퇴치를 위한 반려 식물 고르기

식물이 자라는 데 필요한 환경 갖추기
- 62 빛
- 63 물과 환기
- 65 온도와 습도

식물에 알맞은 화기와 다양한 액세서리 고르기
- 68 화분
- 69 월플랜터
- 70 플랜터 행거
- 71 플랜트 스탠드
- 72 테라리움
- 73 스트링 가든
- 73 식물 지지대

식물별 관리법
- 76 관엽식물
- 77 다육식물
- 78 수생식물
- 80 틸란드시아
- 81 분갈이

3 공간을 살리는 플랜테리어의 모든 것

플랜테리어의 시작, 그린 DIY
- 86 나만의 작은 정원, 다육식물 센터피스
- 88 다양한 연출이 가능한 스트링 가든
- 90 청량감을 주는 수경식물 미니정원
- 92 벽면에 생기를 더하는 에어플랜트 액자
- 94 그린 소재를 활용한 테이블 데코, 절화

초보자도 쉽게 따라 하는 플랜테리어 기본기
- 98 공간의 인상을 만들어 주는 수형
- 100 분위기 메이커 텍스처
- 101 느낌을 살리는 색감

공간이 살아나는 식물 배치의 기본
- 104 모던 스타일링
- 105 트로피컬 스타일링
- 106 지중해식 스타일링
- 107 어반 정글 스타일링

공간이 살아나는 플랜테리어 실전
- 110 주거 공간 식물 배치의 기본
- 112 침실
- 116 거실
- 120 주방
- 122 욕실
- 125 서재나 작업실
- 126 원룸
- 128 이색 주거 공간과 카페, 전시 공간

계절 & 이벤트별 플랜테리어 스타일링
- 136 봄맞이 새단장 스타일링
- 139 여름맞이 시원한 스타일링
- 140 가을맞이 분위기 스타일링
- 142 겨울맞이 크리스마스 스타일링

- 148 **권말부록 1** 플랜테리어 Q&A
- 150 **권말부록 2** 플랜트 Wikipedia

식물을 내 생활공간으로 들인다는 건 어떤 의미일까? '반려식물'이라는 말이 생겨날 정도로 사람들이 식물을 가까이하고 위안을 얻으며, 식물로 하는 인테리어인 '플랜테리어'가 한창 유행하고 있다. 그래도 여전히 식물을 키우기 어렵다는 사람이 많다. 이런 사람들을 위해 식물과 함께 하는 삶의 가치와 방법을 나누고자 한다. 흙을 손에 묻히고 땀을 흘리는 이 노동이 얼마나 값지고 아름다운 일인지 더 많은 사람들과 공유했으면 하는 바람이다.

Intro

식물과
함께 살고 싶은
당신에게

Life with Plants

식물과 함께 하는 생활이란?

식물의 힘

새로운 사람을 만날 때나 내 소개를 할 때면 항상 듣는 말이 있다. "와! 너무 좋겠어요. 이렇게 싱그럽고 예쁜 공간에서 일하면 스트레스도 없을 것 같아요." 나는 늘 멋쩍은 웃음으로 대답을 대신한다. 사실 내 공간은 작업 때문에 늘 너저분하기 때문이다. 가끔은 손님을 들이기 부끄러울 정도로 어질러져 있을 때도 많다. 내 눈에는 식물 인테리어라 하기에도 민망할 때도 많은데, 사람들이 좋아하는 걸 보면 식물이 주는 힘은 그 자체만으로도 대단한 것 같다.

식물을 보면 사람들은 아름다움을 느끼는 동시에 안정감을 느낀다. 요즘 같은 바쁜 사회에서 사람들이 다시 자연에 눈길을 돌리고, 자신의 공간에 식물을 하나씩 들이는 것이 단지 유행을 좇는 것만은 아니라는 증거일 게다. 식물을 들여다보는 일은 책임감이 반드시 동반되어야 하기 때문에, 예쁘다고 무조건 많이 갖다 두기보다는 천천히 조금씩 늘려가는 것이 좋다. 우선 한 개부터 시작해보자. 식물 하나만으로도 공간은 확연히 달라진다.

식물과 함께 하는 삶의 가치

기술의 발전으로 우리 삶은 더욱 편리해졌지만 그로 인해 자연을 접할 공간은 턱없이 부족해졌다. 아이러니하게도 도시화가 되면 될수록 우리는 점점 더 자연을 갈망하게 되었다. 공원이나 한강변이 주말이면 사람들로 북적대는 것만 봐도 금세 알 수 있다. 하지만 서울만 보더라도 인구에 비해 아직 녹지공간이 턱없이 부족하다.

북적대는 공원에서 벗어나 나만의 조용하고 작은 진짜 휴식공간을 갈망하는 사람들이 많아졌다. 내 공간을 더 편안하게 꾸미고 식물을 가꾸는 시간을 가지다 보면 진짜 휴식을 취할 수 있기 때문이다. 이런 휴식이야말로 식물과 함께 하는 삶의 가장 큰 가치이다. 바쁜 일과를 마치고 식물이 기다리는 집으로 향한다면 발걸음은 더없이 가볍고 빨라질 것이다.

식물을 내 생활공간에 들인다는 건

여느 집이나 마찬가지로 어릴 적 우리 집 베란다에는 식물이 가득 차 있었다. 식물을 돌보는 것은 오롯이 엄마의 몫이었다. 교사였던 엄마는 방학 때마다 나에게 "이제 네가 얘네(식물들) 엄마니까 얘들 밥 좀 챙겨 줘."하셨다. 나는 듣는 둥 마는 둥 하며 놀기 바빴지만 엄마는 식물을 보자마자 내가 물을 줬는지 안 줬는지를 단번에 알아채셨다. "물을 또 안 줬네. 너는 끼니때마다 꼬박꼬박 밥을 챙겨 먹으면서 얘들은 쫄쫄 굶기는구나!" 엄마의 이 한 마디에 한방 맞은 기분이 들었다. 나는 때늦은 책임감으로 며칠 동안 식물을 관찰하기 시작했다. 여름이라 그런지 식물은 하루하루가 달랐다. 물을 주면 줄기도 잎도 더 힘이 있었고 싱싱해졌다. 일주일이면 줄기도 잎도 자라는 것이 눈에 보였다. 식물은 아주 조금씩 천천히 변하고 있었다. 때로는 시들거나 웃자랄 때도 있고 마를 때도 있지만, 식물은 항상 그 자리에서 자기가 할 수 있는 최선을 다해 살아가고 있었다. 이 일을 계기로 나는 식물과 함께 한다는 것은 관심과 책임감이 동반되어야 함을 깨달았다. '반려식물'이라는 말이 딱 들어맞았다. 강아지나 고양이를 키우듯 식물에게도 키우는 사람의 관심과 책임감이 필요하다.

식물을 바라보는 시간

식물과 함께하는 내 공간에서 음악을 틀어놓고 가만히 주위를 둘러본다. 반려견인 '봄이'와 반려식물이 너무나도 평화로운 풍경을 만들어주고 있다. 내 마음을 충만하게 하고, 미소 짓게 하는 이 순간이 마냥 행복하다.

초등학교 때 방학숙제 중에 식물 관찰일기가 있었다. 나는 달밤에 활짝 피었다가 낮

에는 동그랗게 말려있는 것이 신기해서 달맞이꽃을 관찰하기 시작했다. 한번 피면 질 때까지 계속 피어있는 예쁜 꽃도 많았지만, 내 눈에는 아침저녁으로 폈다 오므렸다 하는 이 꽃이 너무 예뻐 보였다. 이때부터 다른 꽃은 몰라봐도, 달맞이꽃만 보이면 달려가 들여다보곤 했다. 한 가지 식물을 하루 동안만 들여다보아도 이렇게 정이 생기고 마음에 남는 걸 보면, 식물을 바라보는 시간은 누구에게나 많은 영감을 불러일으켜 주는 좋은 시간이라는 생각이 든다.

전문가라 식물을 정말 잘 키우겠어요?

숍을 찾는 고객이나 인터뷰 때마다 가장 많이 듣는 질문이다. 내 대답은 No! 내 사무실에는 여전히 말라죽어가는 식물이 있고, 알 수 없는 이유로 죽어가는 식물도 있다. 다만 일반 사람들보다 더 식물을 많이 죽여 봤기에 식물을 관리하는 방법을 좀 더 잘 알게 되었다는 게 맞을 게다.

식물을 키우는 일반적인 관리법이 있긴 하지만 이건 어디까지나 기본적인 주변 환경이 다 갖추어졌을 때 통하는 방법들이다. 식물을 들이고자 하는 공간이 평균보다 일교차가 더 심하거나, 더 춥거나, 환기가 잘 안 되거나, 온도가 더 높을 수도 있다. 식물을 들인 뒤 몇 주 동안은 이런 환경 요건을 잘 살펴서 내 공간에 맞는 관리법을 스스로 찾고 익혀야 한다. 내가 조금 부족해도 식물이 기다려주니, 겁먹지 말고 식물과 함께 하는 시간을 만들어보자. 생각지도 못했던 놀라운 경험들을 할 수 있을 것이다.

식물이 주는 선물

위안을 얻고 편안함을 느끼는 것이 식물이 우리에게 주는 좋은 심리적 효과라면, 기능적 효과에는 무엇이 있을까? 잘 알려져 있다시피 식물은 공기 정화, 습도 조절, 온도 조절, 전자파 감소 등 다양한 기능적 효과를 가지고 있다. 실내 공간 면적의 5~10%가 식물로 채워지면 이 같은 기능들이 제 힘을 발휘해 쾌적한 환경을 만들어 준다고 하니, 식물이 우리에게 주는 것은 우리가 식물에게 들이는 노력에 비해 월등히 많다.

안 그래도 좁은 집인데, 식물을 이렇게나 많이 들이는 게 가능한가 싶기도 할 테지만, 꼭 그만큼의 비율을 채울 필요는 없다. 그 양이 적다고 해서 순기능을 하지 않는 것이 아니니, 무조건 양을 채우려고 하지 말고 조금씩 들이고 살펴본 뒤 익숙해지면 늘려 나가는 것이 좋다.

Life with Plants

내게 맞는 식물은?

식물에게도 생명이 있어요

'나도 반려식물을 키워야겠다'라고 마음먹었다면, 우선 나의 생활패턴과 식물을 키울 환경부터 살펴야 한다. 계절마다 색색의 꽃을 피우고 기분 좋은 향기를 뿜어 우리의 눈과 코를 호강시켜주는 식물들은 대부분 관리를 아주 열심히 해줘야 한다. 햇빛이 잘 들고 환기가 잘 되는 환경은 기본이고, 때마다 잡초 제거와 비료 주기를 게을리하면 안 된다. 정작 집에 있는 시간도 짧고 볕이 잘 드는 남향도 아닌 작은 방에 살면서 예쁜 꽃이 피는 화초를 입양했다면, 곧 스스로를 자책하게 될 것이다. '또 죽였어', '나는 마이너스 손이야'라든가, 정말 안타깝게도 '이제 다시는 식물을 키우지 않을 거야'라고 다짐할지도 모른다. 움직이지 못할 뿐 식물도 생명이 있음을 항상 염두에 두고, 그 식물에 맞는 환경을 만들어주어야 한다.

내게 맞는 식물이 따로 있다

내 생활패턴과 공간부터 살펴보고 각자의 환경에 맞는 식물을 선택한다면, 실패 없이

자주 들여다볼 틈이 없다면 건조에 강한 식물을 키우자.

오래오래 키울 수 있다. 식물을 들여다 놓을 곳이 햇빛이 잘 드는지, 온도는 적당한지, 환기는 잘 되는지(또는 자주 시켜줄 수 있는지), 습도는 적당한지부터 살펴보자. 퇴근이 늦고 자주 식물을 들여다볼 틈이 없다면 물을 자주 주지 않아도 되는 건조에 강한 식물을, 햇빛이 잘 들지 않는 공간이라면 반음지 식물이나 음지 식물을 고르면 된다.

식물마다의 일반적인 관리법은 부록 '플랜트 Wikipedia'에서 본격적으로 다루겠지만, 식물이 놓이는 환경에 따라 관리법은 각각 달라진다. 자주 들여다보고 체크해야 같은 식물이라도 더 예쁘고 건강하게 키울 수 있다는 것은 굳이 설명하지 않아도 누구나 알 것이다. 내가 들인 식물을 정말 반려식물이라 여기고 책임감 있게 키우는 것이 가장 중요하다. 물을 주는 것이나 환기를 시켜주는 것을 자꾸 잊어버린다면, 알람 앱을 활용하여 물 주는 날짜와 환기시켜 주는 시간을 빼먹지 않는 것도 방법이다.

빛, 물, 환기는 식물에게 필수 요소이다.

Life with Plants

나만의 반려식물을 찾아라

이왕 식물을 키워보기로 마음먹었다면 내 생활패턴과 환경부터 체크해 보자. 내게 딱 맞는 반려식물을 찾아 아름답게 플랜테리어를 한다면 식물들과 오래도록 행복한 동거가 더 이상 남의 얘기가 아니다.

 반려식물 체크리스트

시작

식물을 들이고 싶은 공간에 해가 얼마나 들어오나요?

- 하루 5시간 이상  → 식물을 자주 들여다볼 수 있나요?  — YES / NO
- 하루 2시간 이상  → 식물을 자주 들여다볼 수 있나요?  — YES / NO
- 간접광만 가능  → 식물을 자주 들여다볼 수 있나요?  — YES / NO

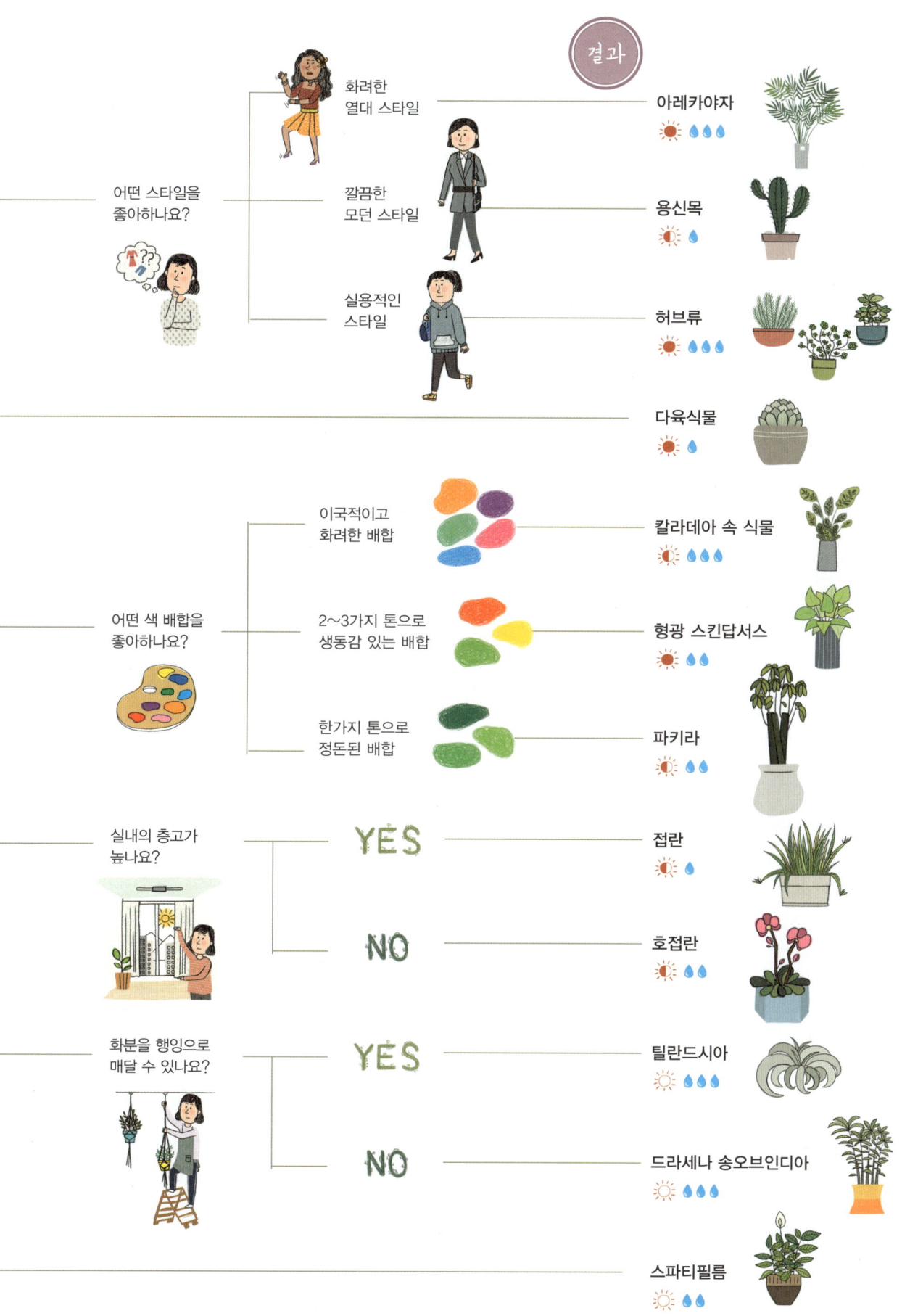

Life with Plants

내게 꼭 맞는 반려식물로 시작하는
플랜테리어

플랜테리어가 뭐예요?

플랜테리어란 식물plants과 인테리어interior의 합성어로 자연친화적인 공간을 연출하기 위해 식물로 인테리어를 하는 것을 뜻한다. 불과 몇 년 전만 해도 생소했던 이 단어가 요즘은 인테리어의 필수 단계로 주목받고 있다.

내 공간에 식물을 하나라도 놓는 것이 트렌드가 되고, 더 나아가 플랜테리어에 대한 사람들의 관심이 해가 거듭될수록 가파르게 높아지고 있다. 식물을 내 공간에 들이는 것이 책임감이 동반되어야 하는 것임에도 불구하고 이렇게 많은 관심을 받는 것을 보면 '우리 모두 자연을 그리워하고 있구나'라는 생각이 든다. 집이나 사무실 이사를 앞둔 사람들이 플랜테리어 전문가를 찾기 시작했고, 식물이 매장 콘셉트의 중심이 되는 카페나 숍들도 늘었다.

플랜테리어는 어렵지 않다. 유행을 좇지 않아도 된다. 나만의 작은 휴식 공간을 위해 내게 맞는 식물을 들이고 가꾸어 보자. 플랜테리어는 단 하나의 식물, 아주 작은 식물로도 시작된다. 하지만 우리의 삶에 주는 변화는 결코 작지만은 않을 것이다.

여기에 어떤 식물을 놓아야 해요?

식물로 연출하는 인테리어가 유행이라서, 사람들이 식물을 좋아하니 필수적으로 갖춰야 할 것 같아서, 플랜테리어를 하고 싶은데 방법을 잘 몰라서 등의 이유로 사람들은 나를 찾는다. 특히 새 집이나 새 사무실, 새 매장으로의 이사를 앞둔 사람들이 가장 많이 찾는다.

예전에는 고객과의 만남이 대부분 막연하게 '식물을 놓고 싶어요.'라는 말로 시작됐는데, 이제는 아주 구체적이고 제법 까다로운 질문이나 요구로 시작된다. '여기에는 어떤 식물을 놔야 하나요?'나 '지중해 스타일로 플랜테리어를 하고 싶어요.'라는 질문도 종종 받으니 말이다. 최근 식물을 주제로 한 매장이 늘면서 또, 각종 매체를 통해 국내는 물론 전 세계에서 유행하는 다양한 스타일의 플랜테리어를 너무나 쉽게 접할 수 있게 되었다. 이런 직·간접 경험을 통해 사람들은 공간에 식물이 있고 없고의 차이를 깨닫고 있다. 바로 플랜테리어의 필요성을 절실히 깨닫고 있는 것이다.

이 책에서는 공간과 원하는 스타일에 맞는 플랜테리어를 하기 쉽도록 소개하고 있다. 천천히 살펴본다면 나만의 공간을 완벽하게 플랜테리어 할 수 있을 것이다.

오늘부터 식물과 행복한 동거가 시작된다

내게 맞는 반려식물이 궁금하고 내 공간에 어울리는 식물을 알고 싶어 하는 당신이라면 이미 플랜테리어를 시작한 셈이다. 이 책을 통해 플랜테리어에 대한 궁금증을 해소했다면, 더 나아가 핀터레스트pinterest.com나 인스타그램instagram.com, 인테리어 잡지 등을 보면서 내가 원하는 스타일을 찾아보자. 내가 좋아하는 이미지를 모으다 보면 나도 몰랐던 내 스타일을 찾아 나갈 수 있다. 플랜테리어는 작게 시작한다면 부담스럽지 않은 비용으로 효과적인 연출이 가능하니 다양한 스타일로 분위기를 바꿔보는 것도 좋은 연습이 될 것이다.

체크리스트를 통해 내게 맞는 반려식물을 찾았다면 이제 본격적으로 식물을 골라야 할 차례! 모든 식물이 실내에서 잘 자라는 것은 아니기 때문에 무엇보다 선택이 중요하다. 1장에서는 실내에서 적응력이 뛰어나고 관리가 쉬운 식물 중에 반려식물을 키우려는 목적이나 환경, 생활패턴에 맞게 각각 10가지씩 식물을 추천한다. 식물을 키우기만 하면 죽인다는 사람도, 미세먼지 때문에 식물을 키워보고 싶은 사람도, 반려견을 키우는데 식물이 해가 되지 않나 고민인 사람도 여기서 해답을 찾을 수 있다.

1

우리 집에 꼭 맞는 반려식물 고르기 *120*

마이너스 손을 위한 쉽게 죽지 않는 식물 *Top 10*

'내가 식물을 키우기만 하면 다 죽어요.'라는 사람이 많다. 키우고는 싶은데, 또 죽이게 될까 봐 식물 키우기가 두려운 사람들을 위해 키우기 쉬운 식물을 꼽아보았다. 키우기 쉽다는 뜻은 예민하지 않다는 것이지, 물을 주지 않거나 신경 쓰지 않아도 된다는 말은 아니다. 안타깝게도 신경을 쓰지 않아도 혼자 크는 식물은 없다. 지속적인 관심은 어느 식물에게나 필요하다는 걸 잊지 말자.

• 포엽: 꽃 한 송이 또는 꽃차례를 안고 있는 작은 잎

산세베리아

어디서나 잘 자라고 관리하기 정말 쉬워요.

알로에

그늘에서는 튼튼한 다육질로 자라고, 직사광선에서는 물이 들며 자라요.

안수리움

다양한 색의 꽃(*포엽)을 피워 보는 재미가 쏠쏠해요.

스파티필름

그늘에 두어도 꽃을 피워요. 꽃을 감싸고 있는 포엽이 정말 아름다워요.

스킨답서스

가장 관리하기 쉽고 잘 자라며, 병해충에도 강해요.

호야

물 주는 것을 깜박했더라도 걱정 없어요. 물을 주면 금방 다시 살아나요.

아글라오네마 스노우화이트 (스노우사파이어)

은색과 녹색의 배합으로 실내에 두면 고급스러운 느낌을 줘요.

녹보수(해피트리)

관리 소홀로 잎이 빈약해지더라도 물을 주면 금방 풍성해져요.

테이블야자

관리가 쉽고 새잎이 잘 나기 때문에 키우는 재미가 쏠쏠해요

소피아 고무나무

실내 어디서나 잘 자라고 단단한 줄기와 두툼한 잎이 매력적이에요.

미세먼지를 없애주는 공기정화 식물 Top 10

공기정화 식물은 실내 공기 속에 있는 각종 오염 물질이나 유해 물질 등을 정화해 실내 환경을 쾌적하게 만들어준다. 요즘처럼 미세먼지와 환경 문제가 심각한 때에 가장 각광받는 식물이다. 실내 오염 물질로 꼽히는 포름알데히드, 일산화탄소, 암모니아, 벤젠, 톨루엔 등의 휘발성 유기화합물을 제거하며, 미세먼지 제거와 실내 습도 조절 등의 역할을 하는 고마운 공기정화 식물 10개를 꼽아봤다.

• 수형: 수목의 뿌리·줄기·가지·잎 등이 종합적으로 나타내는 외형

스킨답서스
공기 중의 포름알데히드를 없애는 데 효과적이며, 키우기 쉬워요.

아글라오네마
색이 다양해서 고르는 재미가 있고, 키우기도 쉬워요.

보스톤고사리
증산작용이 뛰어나며 포름알데히드를 제거해줘요.

안수리움
일산화탄소와 암모니아 제거에 탁월하며, 포엽이 아름다워 인기가 많아요.

알로카시아
이파리가 커서 싱그러운 느낌을 줘요. 사무기기에서 나오는 화학물질을 없애주므로 사무실에 두면 좋아요.

대나무야자

증산작용이 뛰어나고 휘발성 화학물질 제거 능력도 탁월해요.

관음죽

암모니아를 잘 흡수하며, 어디서든 잘 자라요.

아레카야자

미 항공우주국(NASA)이 선정한 실내 공기정화 식물 중 당당하게 1위를 차지했어요.

벵갈고무나무

가장 대표적인 실내 관엽식물 중의 하나이며, 광택이 있는 잎이 특징이에요.

드라세나 자바

공기정화 능력이 우수하고, 환경이 비교적 좋지 않은 곳에서도 잘 자라요. 멋진 *수형을 가지고 있어 관상용으로도 좋아요.

가습기를 대신해
습도를 조절해주는 식물 *Top 10*

우리가 거주하는 실내 공간은 여름을 제외하고는 항상 건조한 편이다. 특히 건조한 겨울철이나 환절기, 또 아이를 키우는 집이라면 부족한 수분 공급을 위해 가습기를 자주 사용하곤 한다. 가습기 대신 실내 공간 크기의 5% 정도만 식물로 채운다면 효과적으로 습도 조절을 할 수 있다. 증산작용이 활발한 식물을 고른다면 습도 조절은 물론 공기정화와 인테리어 효과까지 덤으로 얻을 수 있다.

접란
줄무늬가 아름다우며, 관리하기 쉬워요.

실버레이디
잎이 얇고 하늘하늘하며 풍성한 수형을 가지고 있어요.

보스톤고사리
스프레이를 잘 해주면 풍성하고 싱그러운 분위기를 연출할 수 있어요.

푸테리스 고사리
색감이 밝고 수형이 독특해요.

넉줄고사리
다른 고사리과 식물에 비해 관리하기 쉬워요.

극락조화(여인초)

넓은 잎의 수형이 정말 아름다워요.

테이블야자

새순이 잘 올라와 키우는 재미가 쏠쏠해요.

아레카야자

증산작용이 가장 뛰어난 식물 중 하나예요.

파키라

수형이 정말 아름다우며 이국적인 분위기를 내줘요.

대나무야자

대나무와 같은 줄기를 가지고 있어 잎을 조금 정리하면 동양적인 느낌이 나요.

독성이 있어 반려동물에게 위험한 식물 Top 10

우리가 좋아하는 식물이 반려동물에게는 독이 될 수도 있다. 섭취량이나 흡입량에 따라 그 영향이 다 다르며, 중독 증상은 구토에서 사망까지 다양하다. 대부분의 반려동물은 코로 냄새를 맡고 입으로 맛을 보며 대상을 관찰하므로 미리 주의를 기울여야 한다. 여기에 꼽은 10개의 식물 이외에도 천남성과, 구근식물, 시클라멘 등은 이상을 일으킬 수 있으니, 반려동물이 닿을 수 없는 곳에 두어야 한다.

- 송악속: 두릅나무과의 한 속으로 흔히 아이비라고 부른다. 이 속에 속하는 나무들은 모두 벽이나 다른 나무를 타고 오르거나 땅을 기는 늘 푸른 덩굴나무이다.

염좌

반려동물이 먹으면 구토, 매스꺼움, 소화불량, 심장 박동이 느려지는 등의 증상이 나타나요.

알로에

반려동물이 먹으면 구토, 설사, 식욕 부진, 근육 경련, 체중 감소를 일으킬 수 있어요.

디펜바키아

수액이 피부 자극을 일으킬 수 있어요.

수선화

꽃과 잎, 구근 모두 위험해요. 반려동물이 먹으면 구강에 강한 자극을 주며 침 흘림, 구토, 설사, 식욕 부진, 우울 증상을 일으킬 수 있어요.

산세베리아

동물이 섭취하면 구토나 설사를 유발해요.

칼랑코에

설사와 구토, 심장 부정맥을 유발할 수도 있어요.

담쟁이 덩굴

반려동물이 먹으면 구토를 유발할 수 있어요.

아이비

아이비처럼 *송악속에 속하는 모든 식물은 독소를 포함하고 있어 피하는 것이 좋아요. 동물에게 위장 장애를 일으킬 수 있거든요.

스파티필름

천남성과 식물로 동물이 섭취하면 구토, 신장 장애 등의 증상이 나타나요.

크로톤

뿌리와 잎의 수액에 독성이 있어 섭취할 경우 설사를 유발해요.

반려동물에게 안전한 식물 *Top 10*

반려동물도 키우고 싶고 반려식물도 키우고 싶고 둘 중 어느 하나도 포기할 수 없다면 주목하자. 반려동물에게 안전하면서도 자칫 부주의로 섭취했더라도 반려동물에게 무해한 반려식물 10종이다. 하나하나 따져보기 힘들다면, 다음의 식물들만으로 플랜테리어를 하는 것도 위험을 피하는 좋은 방법이다.

틸란드시아 코튼캔디

행잉이나 유리볼과 함께 연출하면 이색적인 인테리어 효과를 볼 수 있어요.

접란

독성이 없어 반려동물을 키우는 집에 알맞아요.

에크메아 파시아타

파인애플과 식물은 대부분 무해하며 관리가 쉽고 이국적인 느낌을 주어 인기가 많아요.

구즈마니아

잎의 색과 무늬가 독특해 인테리어 효과가 좋아요.

마란타

녹갈색을 띠는 잎이 아름다워요. 낮에는 활짝 피고 밤에는 위로 접히듯 말려있어 영어로 기도하는 식물(prayer plant)이라고도 해요.

보스톤고사리

잎이 아름다워 실내용으로 키운 지 오래됐으며 꾸준한 사랑을 받고 있어요.

줄리아 페페로미아

잎이 작고 귀여우며 관리하기가 수월해요.

아레카야자

야자과는 모두 독성이 없어 어느 것을 선택해도 좋아요.

파키라

이국적이어서 인기가 많은 실내 식물이에요.

엽란

수형이 우아하고 고급스러우며 절화로도 많이 사용돼요.

키우는 재미가 있어
아이들이 좋아하는 식물 Top 10

집에서 학교로 학교에서 학원으로 다니느라 자연과 접할 기회가 적은 아이를 위해 집에서 식물을 키우는 것도 좋은 대안이 될 수 있다. 집에 식물이 있는 것 자체만으로도 아이들에게는 생명의 소중함을 깨닫고 보살피는 교육의 기회가 될 수 있다. 게다가 식물이 음이온을 내뿜거나 공기를 정화하므로 아이에게 더 좋은 환경을 제공해 줄 수도 있다.

틸란드시아

공기 중에 있는 먼지를 흡수해서 맑은 공기를 만들어주며, 흙이 필요 없어 아이가 있는 집에서도 깔끔하게 키울 수 있어요.

게발선인장

해가 잘 들면 매력적인 빨간 꽃이 펴서 아이들이 좋아해요.

푸밀라

색감이 밝고 잎이 귀여워 아이들이 좋아해요. 스프레이를 자주 해주어야 하므로 아이에게 맡겨보세요.

안수리움

이산화탄소 제거하는 능력이 뛰어나요.

스투키

이산화탄소, 일산화탄소 제거 능력이 뛰어나요.

준쿠스
줄기가 스프링 모양이어서 아이들이 재미있어 해요.

디펜바키아
잎이 아름답고 물을 좋아해 키우는 재미가 있어요.

벤자민 고무나무
풍성한 나무를 방안에 들여놓은 느낌이에요.

녹보수(해피트리)
키우기 수월하고 빛에 큰 영향을 받지 않아 좋아요.

소피아 고무나무
관리하기 수월하고 포름알데히드 제거 능력이 뛰어나요.

집중력을 높여주는 맞춤형 식물 *Top 10*

수험생이 공부하는 방이나 조용하게 집중해야 하는 서재는 공기를 맑게 해 주고 음이온을 내뿜으며, 관상용으로도 뒤지 않는 차분한 식물이 좋다. 우리가 실내에서 볼 수 있는 모든 식물은 공기정화의 효과가 있지만 그중에서도 기능이 뛰어난 식물들을 제안한다.

- **트리콤 trichomes**: 식물에 붙어있는 털을 트리콤(trichomes, 모용)이라고 한다.

푸밀라

키울 때 습도 조절이 중요하므로 스프레이를 자주 해 주는 게 좋아요

산세베리아

건축자재에서 나오는 유해물질을 흡수해줘요.

아글라오네마 스노우화이트 (스노우사파이어)

영화 '레옹'에 나온 식물로 유명해요. 관리가 편하고 색감도 예뻐 인기가 많아요.

호접난

꽃이 아름답고 관리하기 쉬워서 인기가 많아요.

스투키

다른식물에 비해 음이온 방출이 뛰어나요.

거실에 두면 인테리어 효과가 좋은 식물 *Top 10*

주거 공간에 따라 차이는 있지만 대부분 거실은 빛이 잘 들고 연중 온도가 10~30℃의 온도가 유지되는 곳이다. 또한 주거 공간 중 가장 넓은 곳이기도 하기에 이런 환경에 잘 맞으면서도 크기가 큰 식물들을 추천한다. 거실에 큰 식물 한두 개를 배치해보면 기대 이상의 인테리어 효과를 볼 수 있다.

• 절화: 꽃자루, 꽃대, 가지를 잘라서 꽃꽂이, 꽃다발, 꽃바구니, 화환 등에 이용하는 원예의 한 종류

필로덴드론 셀로움

잎이 아름다우며, *절화로도 인기가 많아요.

떡갈잎 고무나무

생명력이 강하고 수형이 멋져서 인기가 많아요.

드라세나 드라코

이국적인 느낌을 줘서 관상 효과가 뛰어나요.

코르딜리네 레드에지(레드비치)

잎의 색이 화려해서 인테리어 효과가 뛰어나요.

용신목

기둥선인장 중에서도 색과 수형이 아름다워 인기가 많아요.

드라세나 송오브인디아

벤젠 제거 효과가 뛰어나요.

유카

수형이 독특하고 아름다워서 인테리어 효과가 좋아요.

몬스테라

잎이 아름다워 인테리어 용으로 인기가 많아요.

드라세나 마지나타

수형이 아름답고 우아해요.

아라우카리아

낮은 온도나 빛이 적게 들어오는 척박한 환경에서도 적응하며 병충해에 강해 실내에서 키우기 좋아요.

숙면을 도와주는 침실용 식물 *Top 10*

침실은 대부분 빛이 조금 덜 들거나 어두운 편이며 일정 온도 10~25℃가 유지되는 곳이다. 보통 식물은 낮에는 기공을 열어 이산화탄소를 흡수해 광합성을 한다. 밤이 되면 광합성 작용이 정지되므로 이산화탄소 흡수는 멈추는 반면 호흡 작용으로 인해 산소 흡수는 늘어난다. 그래서 밤이 되면 식물 주위의 이산화탄소 농도가 상대적으로 증가하는데, *CAM 대사를 하는 식물을 침실에 두면 밤에도 쾌적한 환경에서 잠들 수 있다.

* CAM(Crassulacean Acid Metabloism) 대사: 밤에 기공이 열리면서 이산화탄소를 흡수하여 저장해두었다가 낮에 이것으로 포도당을 생성하는 대사 방법으로 대부분의 다육식물이 CAM 대사 식물에 속하지만, 전부 다 속하는 것은 아니다.

틸란드시아 세로그라피카

흙이 없어 침실에서도 깔끔하게 키울 수 있어요.

산세베리아

대표적인 CAM 대사 식물로 관리하기 쉬워요.

필로덴드론 레드 콩고

검붉은 색의 잎이 넓고 광택이 나 침실에 두면 아름다워요.

크로톤

잎이 화려하고 빛에 대한 적응력이 높아 어두운 곳에서도 잘 자라요.

스투키

좁은 공간에서도 키우기 좋으며 관리하기 쉬워요.

아이비

침실에 둘 때에는 행잉으로 걸거나 선반 위에 두면 줄기가 늘어지면서 자라서 보기 좋아요.

엽란

수형이 우아하며 관리하기 쉬워요.

파키라

단단한 줄기에 여린 잎이 대조적이면서도 매력적이에요.

드라세나 송오브자마이카

어느 광도에서나 무난하게 자라며 풍성한 잎이 싱그러워요.

관음죽

침실에 두면 고급스러운 느낌이 들어요.

유해가스를 줄여 주방에 두면 좋은 식물 *Top 10*

비흡연 여성들의 폐암 발병률이 매년 증가하고 있다. 그 이유는 바로 조리 시 발생하는 유해가스 때문이다. 주부들이 많은 시간을 보내는 주방의 경우, 가스레인지나 오븐 등 가열 기기의 사용으로 집 안에서 가장 많은 이산화탄소, 일산화탄소, 포름알데히드를 뿜어내는 공간이다. 공기정화 식물을 들여 주방 내 유해가스를 줄이는 것이 하나의 대처 방법이다. 빛이 잘 드는 주방이라면 요리에 쓸 수 있는 허브를 키우는 것도 좋다.

라벤더

향이 아주 좋으며 수분, 환기, 빛만 갖춰진다면 실내에서 키우기 좋아요.

알로에

유해물질을 제거하고 공기정화 효과가 있어요.

스킨답서스

유해가스 흡수를 가장 잘하는 1등 식물예요.

로즈메리

식재료로 활용도가 높은 허브 중의 하나예요.

애플민트

반음지에서도 잘 자라며 성장 속도가 빨라 잎을 자주 따줘야 해요.

산호수

꽃과 열매, 잎 모두 관상 가치가 높으며 키우기 쉬워요.

카멜레온 달개비

겨울이면 잎 끝이 예쁜 분홍색으로 변하며 키우기 수월해요.

싱고니움

유해가스 흡수율이 높으며, 대표적인 잎 보기 식물이에요.

아이비

유해가스를 잘 흡수해요.

넉줄고사리

포름알데히드를 제거해줘요.

냄새를 없애주고 어디서나 잘 자라는
욕실용 식물 *Top 10*

욕실에 식물을 들일 엄두를 못 내는 사람이 많다. 우리나라 집 구조 상 욕실에는 볕이 잘 들지 않고, 환기시킬 수 있는 창문도 없기 때문이다. 하지만 화장실을 겸하고 있어 특히 여름철에 관리 소홀로 생길 수 있는 욕실의 악취를 식물로 잡을 수 있다. 각종 냄새와 암모니아 가스 제거에 탁월한 식물을 배치해 보자. 높은 습도와 낮은 온도의 욕실 환경을 잘 견딜 수 있는 식물도 꽤 있다. 화분 2~3개만 배치해도 잡지 화보에 나 나올 것 같은 욕실 분위기를 충분히 낼 수 있다.

뮤렌베키아(트리안)

흔히 트리안이라고 하며 직사광선만 피하면 잘 자라요.

칼라데아 메달리온

잎의 색감이 화려해서 실내에 두면 포인트가 돼요.

스킨답서스

선반에 올려놓아 잎이 처지도록 연출하면 인테리어 효과가 좋아요.

보스톤고사리

색감이 밝아 다소 어두운 욕실이라도 싱그러운 분위기를 연출할 수 있어요.

파초일엽

흔히 대국도라 하며 습한 환경을 좋아해요. 색감이 밝아 어두운 곳을 환하게 해줘요.

스파티필름

어둡고 온도가 낮은 곳에서도 잘 자라요.

관음죽

암모니아 제거 효과가 가장 좋아요.

아이비

선반에 올려놓아 잎이 처지도록 연출하면 인테리어 효과가 좋아요.

테이블야자

작고 풍성한 잎이 싱그러운 분위기를 내며, 수경 재배도 가능해요.

호접난

어두운 곳에서도 잘 자라며 습한 환경을 좋아해요.

북유럽 인테리어에 어울리는 식물 *Top 10*

앞에서 선정한 식물 외에도 실내에서 즐길 수 있는 식물은 많다. 요즘 식물을 고르는 기준은 인테리어 효과가 가장 좋은 식물이 아마 일순위일 것이다. 수많은 인테리어 스타일 중에서도 가장 인기가 높은 것이 북유럽 스타일이다. 여기에서는 북유럽 인테리어에 잘 맞는 식물을 소개하고자 한다. 이밖에도 여유가 있다면 볕이 잘 들어오는 베란다에는 국화, 시클라멘, 베로니아, 허브 같은 화려한 식물들을 들여놓아 나만의 정원을 꾸밀 수도 있다.

- 착생식물: 식물의 표면이나 노출된 바위 면에 붙어서 자라는 식물
- 바크: 나무껍질을 바크라고 하며 목재를 만드는 과정에서 생기는 부산물이다.

킨기아눔
흔히 긴기아난이라고 하며, 꽃이 화려하고 관리가 수월한 편이며 추운 겨울도 잘 견뎌요. 센터피스로 연출하거나 콘솔 위에 오브제처럼 두어도 좋아요.

칼라데아 마코야나
칼라데아의 종류는 아주 다양하며, 잎의 무늬와 색이 화려하고 관리하기 쉬워요. 실내 어디에 두어도 좋아요.

디시디아 디필라
흔히 디시디아라고 하며 다양한 종이 있는 *착생식물로 코코넛 껍질이나 *바크에 심어 창가나 천정에 매달면 좋아요.

립살리스 속
독특한 형태를 지닌 식물로 착생선인장이라고도 하며 잎 모양에 따라 다양한 종이 있어요. 창가나 천정에 매달기 좋아요.

박쥐란
천정이나 벽에 행잉으로 연출할 수 있어 인기가 많아요.

마오리 코로키아
회백색의 가늘고 긴 줄기의 조형미가 뛰어나며, 앙증맞은 작은 잎사귀로 인기가 많아요. 침실이나 거실에 두면 좋아요.

오렌지 자스민
1년 내내 꽃이 피고 향이 좋아 인기가 많아요. 볕이 잘 드는 곳이라면 어디라도 좋아요.

아스파라거스 속
하늘하늘한 잎이 우산처럼 펼쳐져 수형이 아름다워요. 실내 어디에나 좋아요.

소철
잎이 단단하고 뾰족하기 때문에 공간감이 있는 곳에 두면 이국적인 분위기를 연출할 수 있어요.

워싱턴야자
증산작용이 가장 뛰어난 식물이에요.

내게 맞는 식물을 찾아 선택했다면, 이제 그 식물과 오래도록 함께하기 위해 돌보는 법을 알아야 한다. 매번 강조하고 또 강조하고 싶은 건 바로 식물은 살아있는 생명체라는 사실이다. 생명을 지닌 식물은 자주 들여다보면 볼수록 더 예쁘고 건강하게 자란다.

이 장에서는 나의 반려식물을 건강하고 예쁘게 유지하고 관리하는 방법을 소개한다. 그리고 나만의 작은 정원을 갖고 싶은 이들에게 필요한 기초 도구와 관리 상식을 자세하고 꼼꼼하게 담았다. 식물과 함께하는 생활은 일단 시작만 하면 생각보다 어렵지 않다. 2장을 읽고 나면 내 공간에 식물을 들이는 데 좀 더 자신감이 생길 것이다.

2

플랜테리어를 위해
꼭 알아야
할 것들

홈가드닝을 위한 기본 갖추기

홈가드닝을 시작하려면 먼저 기본적인 원예 도구와 흙이 있어야 한다. 기본 원예 도구에는 어떤 것들이 있고 역할은 무엇인지, 흙은 용도별로 어떤 흙을 갖춰야 할지 먼저 알아보자.

도구

다음의 10가지 도구만 갖춘다면 간단한 홈가드닝과 플랜테리어를 시작하기에 충분하다. 선택 요령을 잘 확인하고 구입하도록 하자.

1 물뿌리개
화분의 흙을 충분히 적셔주려면 물뿌리개가 필요하다. 입구가 좁은 것이 있고, 물이 골고루 뿌려지도록 끝에 잔구멍이 있는 것도 있다. 물이 나오는 양을 조절할 수 있도록 잔구멍이 있는 물뿌리개를 선택하는 것이 좋다. 주전자처럼 입구가 좁은 것은 물줄기가 세기 때문에 한 번에 많은 양이 나와 흙이 파이기 쉽다.

2 톱
전정가위로 자를 수 없는 두꺼운 가지를 자를 때 필요하다.

3 원예가위
약한 줄기나 이파리를 자를 경우 가볍고 잘 드는 원예용 가위가 좋다. 모든 도구가 소모품이지만 특히 가위는 쓰다 보면 쉽게 무뎌진다. 처음부터 전문가용 가위를 갖추지 말고 저렴한 것부터 시작해 자주 바꿔주는 것이 좋다.

4 전정가위
목질화 된 줄기, 즉 나뭇가지 등을 자를 때 필요하다.

5 숟가락
실내용 작은 화분이나 테라리움을 만들 때에는 삽보다 숟가락이 더 좋다. 삽에 비해 세밀한 작업이 가능해서 소량의 흙이나 장식돌을 떠서 옮기기에 좋다.

6 핀셋
작은 다육식물이나 선인장을 심을 때 주로 사용한다. 특히 테라리움을 만들 때 꼭 필요한 도구이다. 기타 다른 식물을 활용한 테라리움을 만들 때에도 꼭 필요하니 기본으로 갖춰두는 것이 좋다.

7 붓
가드닝을 하는 과정에서 식물 위에 흙이나 돌이 지저분하게 흩어져있는 것을 정리하는 용도로 쓴다. 탁상용 빗자루나 솔은 식물 위에 뿌려진 흙을 치우기에는 크기가 큰 편이라 작고 부드러운 붓을 준비해두는 것이 좋다.

8 모종삽
홈가드닝을 할 때, 큰 삽이나 곡괭이보다는 작은 모종삽이 다루기도 쉽고 편하다. 가벼운 플라스틱 모종삽은 크기도 다양하고 저렴해서 용도에 따라 골라 쓰기 좋다. 스테인리스나 스틸로 된 삽들은 굳어서 단단해진 흙이나 자갈 등을 옮길 때 좋다.

9 앞치마
너무 얇은 원단보다는 톡톡하고 질긴 소재로 된 것이 좋다. 주머니가 있어 간단한 도구들을 넣어둘 수 있다면 더욱 편리하다.

10 원예장갑
맨손으로 흙과 식물을 만지면 그 느낌이 정말 좋지만, 손을 보호하기 위해서 장갑을 껴야 한다. 흙과 식물이 손의 수분을 앗아가 건조해지고, 굳은살도 생기기 쉽기 때문이다. 손에 꼭 맞는 라텍스 장갑과 두꺼운 원예용 장갑 두 종류를 갖춰두는 것이 좋다. 가끔은 맨손으로 흙을 만지고 식물을 가꾸는 것도 기분 좋은 일이다.

흙

홈가드닝을 위한 흙과 부재료만 갖추면 플랜테리어도, 베란다 텃밭도 옥상 정원도 다 가능하다. 불갈이를 할 때에는 영양과 통기, 보수 등을 고려하여 그림과 같이 순서대로 넣으면 된다.

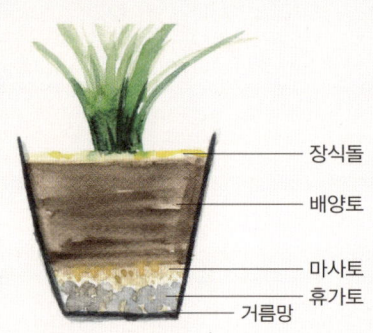

- 장식돌
- 배양토
- 마사토
- 휴가토
- 거름망

마사토
화강암이 풍화되어 생성된 굵은 모래다. 입자가 굵어 배수가 잘 되고 세균도 거의 없다. 일반 마사토는 입자가 고운 흙이 섞여 있어 반드시 세척해서 사용해야 한다. 세척을 하지 않으면 입자가 고운 흙이 물과 만나 진흙이 되어 배수를 방해하게 된다. 입자 크기별로 소립, 중립, 대립으로 나뉜다.

배양토
식물을 키우기 적합하도록 일반 흙을 가공하여 인위적으로 만든 것이다. 영양분이 풍부하고 통기성 및 보수력이 좋으며 병해충이 없다. 가장 많이 사용되는 흙으로 대부분의 식물을 심는 데 기본으로 들어간다.

휴가토
일반적으로 난석이라고도 부른다. 천연석을 고열 처리한 원예용 흙으로 가벼우며 통기, 배수, 보수력이 뛰어나 양란의 식재에 적합하다. 입자 크기별로 소립, 중립, 대립으로 나뉜다.

부엽토
나뭇잎이나 작은 가지 등이 미생물에 의해 부패, 분해되어 생긴 흙이다. 원예에 많이 사용되며 수분과 양분을 많이 가지고 있다. 흙과 섞어서 쓰는 것이 좋다.

화산석
화산 분출물 중 비교적 다공질多孔質이 많은 현무암 암괴로 자연미가 뛰어나다. 색상은 암질에 따라 다르고 자연 본연의 색을 띠며 변질 및 변색이 없어 다양한 용도로 연출이 가능하다.

장식돌
다양한 색상과 크기의 자갈들이 시중에 많이 판매되고 있다. 개인적으로 흰 자갈과 마사토, 화산석을 주로 사용하여 마감하지만 옥자갈, 맥반석, 오색자갈, 칼라스톤 등 다양한 장식돌이 있으니 천천히 둘러보는 것이 좋다.

바크
전나무의 껍질을 가공하여 건조한 것이다. 보수력이 좋고 배수도 좋다. 보통 심은 지 3~4년이 지나면 분해되기 시작해 질소성분을 흡수하기 때문에, 이 시기에 분갈이를 다시 해주는 것이 좋다.

거름망
주로 화분 구멍을 막을 용도로 사용되는 검은색 망을 가리킨다. 검은색 거름망을 사용해도 좋고, 개인적으로는 주로 코이어테이프(코코넛 껍질을 재가공한 것)를 사용한다.

수태
주로 뉴질랜드에서 수입하는 유백색의 백태를 칭한다. 물이끼라고도 부른다. 수태는 산지의 습한 곳에서 자라는데, 이를 채취해 살균, 건조해서 판매한다. 사용할 때에는 물에 충분히 적셔서 사용하는데, 원 중량의 1000배가량 수분을 흡수할 뿐만 아니라 배수력 또한 좋아서 난 식재에 많이 사용한다.

펄라이트
진주암이나 흑요암을 분쇄하여 고온, 발포 처리하여 제조한 백색의 다공질체이다. 토양을 경량화하면서 투수성과 보수성을 높여 옥상 조경을 위한 경량토로 많이 사용된다.

숯
분갈이를 할 때 작은 조각의 숯을 소량 넣어주면 생육에 좋다.

반려식물 고르기

이미 시중에는 아주 다양한 식물들이 있다. 새로운 품종들은 계속 개발 중에 있으며 앞으로도 계속 개발될 것이므로 선택의 폭은 더욱 넓어질 것이다. 많은 식물들 중에서 어떤 식물을 고를지, 식물 농장이나 플랜트 숍에 가면 어떤 점을 고려해야 할지 기본 사항들을 알아보자. 다음의 몇 가지 사항들만 고려한다면, 식물을 내 공간에 들이는 일이 더욱 쉬워질 것이다.

건강한 식물 고르기

식물을 구입할 때면 과연 집에서도 싱싱할지, 벌레는 없을지 걱정하게 마련이다. 전문가인 나조차도 식물을 구입할 때 워낙 많은 양을 한꺼번에 사기도 하지만 시간이 촉박해 꼼꼼히 살펴보지 못할 때가 많다. 간혹 상태가 안 좋은 식물이 섞여 있기도 해 속상할 때도 있다.

기본적으로 흙이 촉촉하고 영양분이 많은 화분이 좋다. 또한 잎이 풍성하고 새잎이 많이 난 것이 좋다. 잎 색깔이 예쁜 건 건강하다는 증거이므로 잎 끝이 마르거나 축처져있는 것을 골라서는 안 된다. 전문가들은 힘이 좋은 식물을 고르라고 하는데, 그걸 어떻게 아느냐고들 많이 묻는다. 잎이 싱그러운 초록색을 띠며, 새잎도 단단하게 돋아나 있어 직접 보기만 하면 누구나 자연스레 알 수 있다.

잎이 풍성하고 새잎이 많이 난 것이 건강한 식물이다.

내게 맞는 크기의 식물 고르기

플랜트 숍에 가면 손가락 크기 정도의 모종부터 2m가 넘는 나무까지 다양한 크기의 식물이 있다. 같은 아레카야자라도 작은 포트에 담긴 것부터 2m가 넘는 대형 화분에 심어진 것까지 다양하게 있다. 구입하기 전에 식물을 놓을 공간부터 살피고 어느 정도 높이의 식물을 살 것인지 가늠해본 뒤, 각자의 공간에 맞는 크기의 식물을 사는 것이 좋다. 당연히 작은 것이 저렴하고, 클수록 그 가격은 훨씬 비싸진다. 작은 것을 사서 아주 크게 키우면 되지 하겠지만, 농장과 일반 가정이나 사무실은 환경이 완전히 다르다. 환경이 잘 갖춰진 농장이라면 6년이면 식물을 2m가 넘게 키울 수 있지만, 집이나 사무실에서는 어렵다. 원하는 크기를 찾는다면, 그보다 조금 더 작은 식물을 구입해 조금씩 키를 키워가는 재미를 느껴보자.

식물의 크기에 따라 화분 크기도 정해진다. 또 키우던 식물이 자라면 그 크기에 맞게 분갈이를 해주어야 한다.

미세먼지 퇴치를 위한 반려식물 고르기

우리는 사시사철 우리의 일상을 위협하는 미세먼지의 공포에 노출되어 있다. 우리나라가 OECD 회원국 중 초미세먼지 노출도가 가장 높다고 하니, 공기정화는 그 무엇보다 시급한 문제가 아닐 수 없다. 실내의 맑은 공기를 위해 환기는 필수인데, 미세먼지 때문에 창문도 마음대로 열지 못하는 실정이다. 미세먼지에 대비한 실내 환기의 대안으로 공기청정기 말고 공기정화식물을 실내에 들이는 사람들이 늘고 있다.

그런데 식물이 어떻게 공기정화를 해준다는 걸까? 식물은 광합성을 할 때 기공을 통해 미세먼지를 포함한 이산화탄소를 빨아들인다. 특히 잎이 두껍고 반질반질한 고무나무 같은 식물이나 잎에 모용이 있는 틸란드시아 같은 식물들은 미세먼지를 더 잘 흡착한다. 식물의 공기정화 능력은 1989년 미 항공우주국이 발견했다. 밀폐된 우주선 안의 공기를 정화하기 위해 공기정화 식물을 찾아냈다. 우리가 생활하는 실내에서도 면적의 5~10%만 식물로 채워도 그 효과를 톡톡히 볼 수 있다. 공기정화도 중요하지만 키우기 수월한지도 매우 중요해서 1장에서 관리가 비교적 쉬우면서 공기정화와 미세먼지 제거에 탁월한 식물 위주로 소개했으니 염두에 두고 식물을 고르자.

수염 틸란드시아, 보스톤고사리, 대나무야자,
스파티필름은 대표적인 공기정화 식물이다.

식물이 자라는 데 필요한 환경 갖추기

내게 맞는 반려식물을 입양했다면, 이제는 잘 키워야 할 차례다. 식물은 움직이지 못하는 생명체이기 때문에 놓일 장소의 환경이 적합해야 스트레스를 받지 않는다. 식물이 자라는 데 중요한 환경 요소를 꼽자면 빛, 물, 온도이다. 각 요소별로 중요한 체크포인트를 살펴보자.

빛

빛은 식물에게 중요한 요소이다. 그러나 식물에 따라 필요한 양은 다양하다. 예를 들면 선인장이나 다육식물처럼 사막에서 자라는 식물들은 강한 직사광선이 필요하다. 반면 고무나무나 극락조화 같은 열대 식물들은 매우 적은 빛으로도 잘 자란다. 이는 각 식물의 환경 조건을 잘 이해한다면 각 식물의 특성을 잘 파악할 수 있다는 뜻이다. 일반적으로 꽃이 피고 열매를 맺는 식물이나 잎의 색깔이 화려한 식물은 많은 빛을 필요로 한다. 현재 우리가 알고 있는 일반 실내식물들은 대부분 열대식물이나 아열대 식물이며 이들은 열대우림의 울창한 숲에 가려져 희미한 빛만 드는 환경에서 자라는 경우가 많다. 이러한 식물의 환경 조건을 잘 이해한다면 좀 더 쉽게 식물 키우기를 시작할 수 있다.

특히 빛에 있어서 간과하기 쉬운 부분이 음지식물이다. 음지에서도 잘 자라는 식물이라고 해서, 빛이 전혀 들어오지 않는 어두컴컴한 곳에 식물을 두는 것은 삼가야 한다. 최소한의 빛이 필요한 식물이 음지식물이다.

실내식물과 빛

구 분		내 용
양지	장소	강한 직사광선을 5시간 이상 직접 받을 수 있는 곳
	대표식물	허브류, 다육식물, 올리브나무 등
반양지	장소	겨울에도 2시간 정도의 햇빛을 받을 수 있는 곳
	대표식물	녹보수, 드라세나류, 벤자민 고무나무, 보스톤고사리 등
반음지	장소	한번 여과되어 들어오는 옅은 빛을 받을 수 있는 곳으로 대부분의 관엽식물이 잘 자라는 환경이다.
	대표식물	야자류, 디시디아 디필라, 틸란드시아 등
음지	장소	직접적인 빛은 거의 들어오지 않고 정오에도 어두운 곳으로 간접광은 필요하다.
	대표식물	스킨답서스, 구즈마니아, 넉줄고사리 등

빛은 식물에게 중요한 요소이다. 그러나 식물에 따라 필요한 빛의 양은 다양하다.

물과 환기

식물은 물을 통해 많은 영양분을 흡수한다. 물은 식물이 광합성을 할 때 반드시 필요한 물질이며 잎과 줄기를 지탱해준다. 물이 부족하면 식물은 잎과 줄기가 축 늘어지게 되고 결국에는 말라죽는다. 보통 사람들은 식물이 물 부족으로 죽는다고 알고 있지만 사실은 그 반대인 과습으로 죽는 경우가 더 많다. 화분 속의 흙 상태를 체크하지 않은 채, 단지 잎이 시들거나 누렇게 되는 변화를 보고 계속 물만 주는 경우에 발생한다. 식물에게는 물이 필요하지만, 흙이 숨 쉴 수 있도록 만들어주는 신선한 공기 또한 필요하다. 밀폐된 실내에서는 신선한 공기의 유입이나 공기의 순환은 불가능하므로 주기적으로 환기를 시켜줘야 한다. 환기를 통해 신선한 공기로 식물과 흙을 건강하게 유지해 줘야 벌레도 안 생기고 식물도 건강해진다.

식물에 물을 줄 때에는 화분 구멍으로 물이 빠질 만큼 흠뻑 주어야 한다.

보통 사람들은 식물을 구입할 때 물은 얼마나 줘야 하는지 묻는데 정답은 없다. 각자의 공간과 환경적 요인이 다 다르기 때문이다. 다음의 관리법을 익혀서 스스로 잘 체크할 수 있어야 한다.

식물이 힘이 없고 축 늘어진다면, 흙의 상태를 체크해보자. 손가락을 깊숙이 넣어 건조한지 체크하거나, 나무젓가락을 깊숙이 넣고 2시간 뒤에 흙의 습도가 어느 정도 되는지 체크한 다음, 물이 필요하다면 흠뻑 주는 것이 좋다. 물을 좋아하지 않는 선인장 같은 식물은 물을 조금 주는 경우가 있는데, 이는 잘못된 관리법이다. 모든 식물들은 한번 물을 줄 때 화분 구멍으로 물이 빠질 만큼 흠뻑 주는 것이 좋다. 화분의 흙이 날아갈 만큼 아주 건조하다면, *저면관수로 뿌리와 흙에 충분한 수분 공급을 해주자.

*저면관수

분 재배, 온실 재배를 할 때 매일 물 주기를 반복하면 토양이 단단해져서 식물의 생장을 막게 되므로 모세관수로 식물이 밑으로부터 물을 흡수하도록 하는 방법이다. 양동이에 물을 받아 화분을 올려두어 밑에서부터 물을 흡수하도록 하면 된다.

흙은 촉촉한데 잎이 마른 경우에는 잎만 스프레이를 해주는 것이 좋다.

온도와 습도

___

대부분의 실내식물들은 10~25℃ 사이의 온도에서 잘 자란다. 단지 겨울에만 창문 바로 앞의 공기는 차갑기 때문에 식물을 창문에서 떨어진 곳에 두는 것이 좋다. 특히 주거 공간이 아닌 상업 공간이나 사무실은 밤에 난방을 하지 않기 때문에, 특별히 창가나 외벽 주변은 피하는 것이 안전하다.

난방기 주변도 온도가 매우 높거나 건조하기 때문에 피하는 것이 좋다. 특히 상업 공간이나 사무실에서 많이 쓰는 난방기는 뜨거운 바람을 세게 뿜기 때문에, 식물의 잎이 금세 말라버린다. 흙은 촉촉해도 난방기 사용으로 잎이 마를 수 있으므로 센 바람을 직접적으로 쐬지 않도록 하는 것이 가장 좋다. 겨울철에는 식물에 물을 줄 때 흙을 먼저 체크해봐야 한다. 나무젓가락을 흙 깊숙이 꽂아두고, 2~3시간 후에 뽑아보자. 흙이 묻어 나온다거나 흙 속이 촉촉하면 물은 주지 않고 잎에만 스프레이를 해주는 것이 좋다.

식물에 알맞은 화기와 다양한 액세서리 고르기

내 공간을 플랜테리어 하기 위해 가장 중요한 요소인 식물을 골랐다면, 이제 그에 어울리는 옷을 입혀줄 차례이다. 식물에 어떤 화기를 선택하고 어떻게 디스플레이를 하느냐에 따라 인테리어 효과는 하늘과 땅 차이다. 내 공간을 더 세련되게 연출하고 싶다면 다음의 내용들을 잘 보고 선택하자.

화분

요즘에는 다양한 소재와 크기의 화분들이 나와 식물을 키우는 사람으로서 더없이 반갑다. 선택의 폭이 넓어진 만큼 고르는 재미도 쏠쏠하다. 소재로 보자면 테라코타, 도자기, 플라스틱, 돌, 시멘트 등이 있다. 테라코타는 토분으로 가격이 저렴해서 초보자가 선택하기 쉬운 화분이다. 화분 자체가 숨쉬기 때문에 다른 화분보다 식물에 물을 더 자주 줘야 하며, 시간이 지날수록 외부에 얼룩이 지므로 선택할 때 염두에 두자. 소재의 특성과 색감을 고려해서 화분을 고르고 공간과 잘 어울리도록 배치한다면, 식물을 키우는 기쁨에 인테리어 효과까지 만족감이 배가될 것이다.

소재와 색감을 정했다면 크기가 문제다. 분갈이를 위한 화분이라면 식물이 담겨있는 플라스틱 화분이나 기존 화분의 1.5배 정도 되는 크기를 고르는 것이 좋다. 요즘은 인테리어 때문에 바스켓이나 패브릭 바구니 등에도 식물 포트를 담아 장식하는 경우가

테라코타, 세라믹, 황동 등 시중에는 다양한 소재와 크기의 화분이 나와 있다.

많다. 이런 경우에는 포트에 잘 맞는 크기의 화기를 선택하는 것이 좋다. 장식화분이 너무 크면 포트가 안에서 이리저리 움직여 불편하고, 너무 작으면 보기에 좋지 않다. 식물에 잘 어울리는 화분을 고르는 일은 생각보다 굉장히 중요하다. 화분 하나가 시선을 사로잡고 세련된 인테리어로 이끌 수 있기 때문이다. 화분이 주는 힘을 실로 대단하니 신중하게 골라보자.

월플랜터

좁은 실내 공간에 대한 대안으로 벽면을 활용한 플랜테리어 기구이다. 식물을 키우고 싶은데 공간이 좁아 부담스럽거나, 실내 공간의 식물 비율을 높이고 싶다면 월플랜터를 가장 추천한다. 시중에는 다양한 월플랜터가 나와 있으므로 내 공간에 어울리는 색감과 형태를 고르자.

월플랜터를 활용하여 벽면 가득히 식물을 채우면 공간을 더욱 싱그럽게 만들 수 있다.

플랜터 행거

인테리어의 한 요소로서 식물이 각광을 받으면서 주목받는 것이 플랜터 행거이다. 바닥이나 테이블 위에만 둘 수 있을 줄 알았던 식물을 공중에 띄워 인테리어 효과를 높인 것이다.

플랜터 행거는 여러 가지 소재로 다양한 제품들이 나와 있다. 실을 엮어서 만드는 *마크라메 기법이나, 가죽끈을 활용하는 방법, 철제 소재의 행거 등도 있다. 커튼 봉에 달기도 하고, 천정이나 벽에 훅을 달아 고정하기도 한다. 이때 화분의 무게를 간과하면 안 된다. 화기와 식물, 흙의 무게가 합쳐지면 생각보다 상당하다. 튼튼한 고리에 고정하는 것이 가장 중요하며, 물 주는 것도 잊으면 안 된다. 손이 닿기 어려운 높이에 있는 식물들은 자연스럽게 자주 신경을 못 쓰게 된다. 행잉 플랜츠가 쉽게 말라죽는 경우가 허다한데, 결국 관리의 문제이다. 자주 내려서 물을 흠뻑 주고 다시 걸어주는 노력이 필요하다.

플랜테리어가 각광을 받으면서 면사로 된 마크라메의 색과 굵기가 다양해졌으며, 철제나 나무 소재를 활용한 플랜터 행거도 등장해 선택의 폭이 넓어졌다.

*마크라메

아라비아에서 발생한 레이스로, 원어 migramah는 매듭실 레이스라는 뜻을 지녔다. 끈이나 천의 끝단에 실로 고리를 걸어 그 실을 여러 가지 방법으로 서로 묶은 것으로 벽 장식물이나 식물을 공중에 매다는 플랜트 행거로도 많이 쓰인다.

플랜트 스탠드

___

플랜트 스탠드는 생각보다 오래된 식물 액세서리이다. 식물 좀 키워본 가정에는 크든 작든 한두 개씩 있을 것이다. 한동안 뜸했던 플랜트 스탠드가 요즘은 모던한 디자인으로 재해석되어 다양하게 출시되고 있다. 국내외 디자이너들이 다양한 제품을 내놓고 있으니 천천히 둘러보고 내 공간에 어울리는 제품을 선택하는 것이 좋다.

플랜트 스탠드는 식물의 높이에 변화를 주어 다이내믹한 공간을 연출할 수 있으며, 스탠드 자체로도 뛰어난 오브제 역할을 할 수 있다. 활용할 식물과 화분을 잘 고려해서 어울리는 제품을 고르자. 공간이 훨씬 풍성해 보일 것이다.

시중에 나와 있는 다양한 소재와 형태의 플랜트 스탠드를 활용하면 키가 작은 화분에 높낮이 변화를 줄 수 있어 다이내믹한 플랜테리어가 가능해진다.

테라리움

밀폐된 유리그릇이나 입구가 작은 유리병 안에서 식물을 재배하는 것을 테라리움이라고 한다. 테라리움 내부의 식물은 실내의 약한 빛을 받아 광합성을 하여 호흡한다. 이때 발생하는 증산작용으로 유리병 안쪽에는 이슬이 맺히게 한다. 이것이 흙에 수분을 공급해 주어 자체적으로 순환주기를 갖게 되므로 뚜껑을 열지 않고 둔다면 물을 주지 않아도 된다. 테라리움은 그 자체로서도 예쁘지만, 식물을 키우는데 부담을 느끼는 이들에게도 관리하기 편한 아이템이다.

시중에는 다양한 형태와 크기의 테라리움이 나와 있다. 입구가 막힌 것도 있고 입구가 열린 것도 있으니 사용 방법에 유의하여 선택하도록 하자.

스트링 가든

스트링 가든은 일본에서 시작된 원예 기법 중의 하나로, 코케다마 kokedama라고도 한다. 흙과 뿌리를 부드러운 이끼로 감싼 형태이며, 뿌리 부분이 모두 생이끼로 감싸져 있어, 일반 화분보다 물을 자주 줘야 한다. 3장에서는 스트링 가든을 직접 만들어 보기로 하자.

식물 지지대

덩굴성 식물을 키울 때 필요한 식물 지지대는 아직 우리나라에는 그 종류가 다양하지 않다. 반면 해외에는 다양하게 출시되어 있으며 다양한 방법으로 인테리어에 사용되고 있다. 덩굴식물은 키우기도 쉽고 성장 속도도 빠르기 때문에 내 공간을 작은 정글로 만들고 싶다면 덩굴식물을 골라 지지대를 설치해보자. 감각적인 지지대를 활용한다면 더욱 세련된 공간으로 연출할 수 있다.

식물별 관리법

반려식물과 기본 도구, 흙 그리고 화기와 액세서리까지 갖춰서 식물을 들였다면 이제 식물 종류별로 관리법과 주의할 점을 알아야 할 차례다. 식물이 놓이는 공간의 환경에 따라 관리 방법은 조금씩 달라지지만, 다음의 기본적인 원칙들을 숙지하고 각자의 환경에 따라 약간씩 응용한다면 반려식물과 오래도록 행복한 동거를 할 수 있다.

관엽식물

실내에서 키울 수 있는 식물의 대부분이 관엽식물이다. 아열대 및 열대의 아름다운 잎, 잎자루, 줄기를 가진 이국적인 상록식물을 말한다. 관엽식물은 일반적으로 내습성이 강해 실내에서 키울 수 있으며 계절적 변화, 생리적 변화가 적은 편이다.

흙의 배합
배양토를 주로 사용하며 약간의 마사토를 섞어 원활한 배수를 돕는 것이 좋다. 분갈이할 때는 새로운 흙을 섞어 영양분을 추가해주는 것이 좋기 때문에 부엽토를 25~30%정도 섞어주면 좋다.

물 주기
여름에는 매일 주는 것이 좋고, 겨울에는 실내 온도에 따라 달라지기 때문에 흙이 건조되는 상태를 체크해보는 것이 좋다. 물 주기는 맑고 따뜻한 날 오전에 주는 것이 좋고, 화분 밑바닥으로 물이 스며 나올 때까지 충분히 주어야 한다.

시비
시중에 나와 있는 배합 비료를 묽게 희석하여 3개월에 한 번씩 준다. 식물마다 알맞은 제품이 있기 때문에, 제품 설명서를 잘 읽어보고 주어야 한다.

병충해
관엽식물의 경우 병충해는 거의 없다. 병충해 예방을 위해 가장 중요한 것은 원활한 통풍이다. 실내에서 환기를 못해주는 경우 응애나 깍지벌레가 생긴다. 자재상에 가서 증상을 말하고 적합한 약을 처방받는 것이 가장 안전하고 확실한 방법이다.

식물에 물을 줄 때에는 오전에 충분히 주는 것이 좋다.

다육식물

사막이나 고산 등 건조지에서 자생하며, 건조한 환경에서 살아남기 위해 줄기나 잎에 많은 양의 수분을 저장하고 있는 식물을 말한다.

흙의 배합
사막이나 고산의 척박한 환경을 생각하면 된다. 흙의 배수가 중요하게 작용하므로 마사토나 모래와 배양토를 10:0부터 5:5까지 배합하여 심으면 좋다.

물 주기
건조에 강한 식물이기 때문에 쉽게 말라죽지는 않지만 햇빛과 통풍은 필수 조건이다. 통풍이 잘되고 햇빛을 잘 받는다면 봄이나 가을에는 2주에 한 번씩 주고, 겨울에는 밤의 실내를 온도 5~10℃로 유지시켜주며 20~30일에 한 번씩 준다. 다육식물을 키울 때 여름이 가장 힘든 계절이다. 온도가 높은 오전이나 낮에 물을 주면 바로 물러버리기 때문에, 해진 후 온도가 내려갔을 때 주는 것이 좋다. 대기 중 습도가 높은 계절이라 물을 안 줘도 된다고 하기도 하지만, 모든 식물이 그렇듯 다육식물도 뿌리로 물을 흡수하기 때문에 화분 속 흙이 건조하면 물을 주는 것이 좋다.

다육식물은 마사토나 모래와 배양토를 배합하여 심으면 좋다.

과습과 물 부족의 구별하기

	과습	물 부족
진행 순서	• 일부 잎은 싱싱하고(뿌리가 정상인 부분) 일부 잎은 누렇거나 까맣게 타 들어가는 현상 • 과습이 무름병으로 진전될 경우 밑둥 쪽 줄기가 검게 되거나 물러서 꺾임.	• 잎이 전체적으로 힘이 없고, 윤기가 없어지고, 처지거나 얇아진다. • 아랫잎부터 누렇게 말라 떨어진다.
물을 줬을 때 변화	• 물을 흠뻑 주고 며칠이 지나도 잎줄기가 회복되지 않고 계속 상태가 나빠진다.	• 물을 흠뻑 주면 하루나 이틀이 지나 잎줄기들이 다시 회복된다.

병충해
다육식물을 키우면서 가장 눈여겨봐야 할 해충이 흰깍지벌레다. 빠른 시간 안에 번식하므로 발견 즉시 약국이나 원예 자재상에서 안전한 충약을 구입하여 뿌려줘야 한다.

수생식물

물속이나 물가에서 자라는 식물을 수생식물이라고 한다. 수생식물은 사는 물의 깊이에 따라 침수식물, 부유식물, 부엽식물, 정수식물로 나뉜다.

흙의 배합

물속에 계속 잠겨 있는 경우가 많기 때문에 흙이 필요한 부엽식물과 정수식물은 진흙에 심는 것이 좋다.

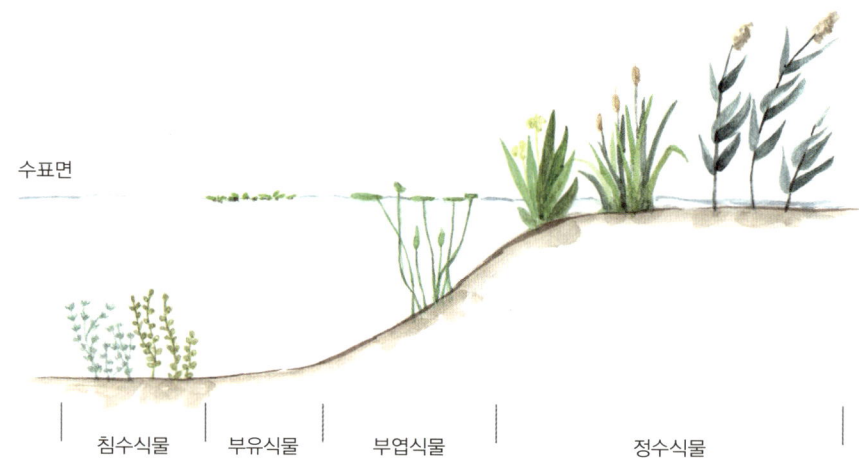

구분	특징	대표 식물
침수식물	• 줄기가 약하고, 잎이 좁으며, 물속에서 꺼내면 축 늘어진다.	• 물수세미, 검정말 등
부유식물	• 몸의 대부분이 잎이며, 수염뿌리를 가지고 있다. 잎과 뿌리로 물에서 영양분을 흡수하며 공기주머니를 가지고 있어 물에 떠서 산다.	• 부레옥잠, 개구리밥, 물상추 등
부엽식물	• 뿌리는 물속의 흙에 있고, 잎과 꽃이 수면에 떠 있는 식물이다.	• 수련, 가시연, 마름 등
정수식물	• 뿌리는 물속의 흙이나 물가의 젖은 땅에 있고, 키가 크며 통기조직이 발달된 있는 튼튼한 줄기를 가지고 있다.	• 부들, 갈대, 연꽃 등

물 관리

부유식물은 물에서 영양분을 얻기 때문에 자주 갈아주는 것이 좋다. 부엽식물이나 정수식물은 진흙에 심고 물에 계속 담가 두면 되는데, 물을 갈아줄 때에는 기존의 물을 50% 정도 남겨두고 하루 전에 받아 둔 수돗물을 추가해주면 좋다.

수생식물의 물을 갈아줄 때에는 기존의 물을 50% 남기고 하루 전에 받아둔 수돗물을 추가해주어야 한다.

그 외 관리법

성장 속도가 빠른 부유식물은 채로 걸러 양을 조절해주는 것이 좋으며, 다른 수생식물은 묵은 잎을 잘라 새잎이 자라는 자리를 마련해주면 오래도록 키울 수 있다.

tip 수경재배와 수생식물의 차이

많은 사람들이 수경재배와 수생식물을 착각하는 경우가 많다. 수경재배는 말 그대로 흙이 없이 물에서 식물을 키우는 방법을 말한다. 수경재배는 뿌리의 상태와 성장과정을 직접 관찰할 수 있고 깨끗한 작물을 생산할 수 있어 인기가 많다. 특히 실내에서 손쉽게 재배할 수 있고 인테리어 효과도 뛰어나다.

- **수경재배가 가능한 식물**

    수염뿌리로 되어있는 외떡잎식물과 구근식물(튤립, 히아신스, 수선화 등), 채소류(토란, 고구마, 양파 등), 일부 관엽식물(아이비, 테이블야자, 행운목 등)이 있다.

- **주의점**

    식물은 물과 흙에서 뿌리를 통해 대부분의 영양분을 얻기 때문에 물로만 재배하면 영양분이 부족해지기 쉽다. 물을 자주 갈아주고, 수용성 영양제를 사용하는 것이 좋다.

틸란드시아

틸란드시아는 나무에 착생하여 자라며 잎에 있는 트리콤으로 공기 중 수분과 유·무기물을 흡수한다. 뿌리는 영양을 흡수하는 역할을 하지 않고 오로지 착생을 위한 용도로 사용되어 모두 잘라내도 상관없기 때문에 기생식물과는 다르다.

틸란드시아 속의 품종 수는 원종만 500가지가 넘으며 교배종, 변이종을 포함하면 1000종이 넘는다. 특히 교배가 쉽게 되어 현재도 새로운 품종이 계속 개발 중이다.

특히 야간에 이산화탄소를 흡수하고 산소를 내뿜는 CAM 대사식물이기 때문에 주거 공간에서 키우기 적합한 식물이다.

물 주기

뿌리가 없이 공중에서 수분과 영양분을 흡수하므로 건조하지 않도록 자주 분무해주거나 물에 담갔다가 빼주는 것이 좋다. 이때 잎 사이에 물이 고여 있지 않도록 주의한다.

시비

비료는 거의 필요 없다. 수분을 자주 보충해주는 것만으로 충분하다.

틸란드시아를 물에 담갔다가 뺄 때에는 잎 사이에 고인 물을 잘 빼주어야 한다.

분갈이

기본 도구들을 갖추고 반려식물과 화기를 골랐다면 이제 내 반려식물이 잘 자랄 수 있도록 분갈이 정도는 척척 해내야 한다. 영양분이 가득한 새 흙과 뿌리가 여유 있게 자랄 수 있는 큰 화분은 식물이 잘 자랄 수 있도록 좋은 환경을 제공해 주기 때문이다. 분갈이할 화분을 고를 때에는 기존 포트의 1.5배 정도 되는 크기가 좋다. 기존 포트의 흙을 살짝 털어내고, 다음의 단계에 따라 새 흙으로 분갈이를 해보자.

준비물 분갈이할 식물, 새 화분(기존 것보다 1.5배 가량 큰 것), 거름망, 마사토, 배양토, 자갈, 삽, 물뿌리개, 가위

만드는 법

1 기존 화분에서 식물을 꺼내 흙을 적당히 털어낸다.
2 분갈이할 새 화분의 배수구 크기보다 약간 큰 크기로 거름망을 잘라서 배수구 위에 깐다.
3 새 화분에 배수가 잘 되도록 마사토를 깔고 식물을 넣고 위치를 잡은 뒤 흙을 채워준다.
4 흙을 다 채운 뒤 자갈로 마무리한다.
5 물을 흠뻑 주어 뿌리까지 수분이 공급되도록 한다.

내게 맞는 식물과 관리법을 알았다면 이제는 내 공간을 반려식물로 다양하게 연출하는 플랜테리어를 할 차례다. 식물의 모양과 공간의 역할을 고려해서 공간에 맞는 플랜테리어 스타일링을 해보자. 플랜테리어에 정답은 없다. 3장에서 안내하는 스타일링 기본을 토대로 다양한 식물을 배치해보다 보면 나만의 스타일과 색깔을 찾을 수 있다.

3

공간을 살리는
플랜테리어의
모든 것

플랜테리어의 시작, 그린 DIY

내게 맞는 식물을 골라서 내 공간에 들이고 관리하면서 반려식물과 함께 하는 그린 라이프를 시작했다면, 좀 더 나아가 나만의 스타일로 DIY 식물을 만들어보자. 테이블이나 책상 위, 선반 등 빈 공간에 내가 직접 만든 그린 오브제를 놓는다면 생활에 포인트가 되어 줄 것이다. 다양한 식물을 활용하여 나만의 센스 있는 작은 화분이나 작은 정원을 완성하고 즐길 수 있으며 선물용으로도 손색이 없다.

나만의 작은 정원,
다육식물 센터피스

다양한 다육식물을 넓은 화기에 모아 심으면 세상에서 가장 작은 나만의 정원이 된다. 다양한 색상의 다육식물을 어우러지도록 심으면 색상이 화려하기 때문에 거실 테이블이나 식탁의 센터피스로 활용하기 좋다. 햇빛이 잘 드는 곳에서 키워야 한다.

재료

화기, 코이어테이프(거름망), 마사토, 휴가토(난석), 흰자갈(장식돌), 다육식물, 핀셋, 가위, 붓, 숟가락

만드는 법

1. 화분 구멍으로 흙이 쏟아지지 않도록 코이어테이프를 화분 구멍 쪽에 놓은 뒤 휴가토를 깔아준다.
2. 마사토와 배양토를 섞은 혼합토를 화분 높이의 3/4까지 채운다.
3. 다육식물을 포트에서 꺼내 뿌리 부분의 흙을 털어낸 뒤 뿌리가 긴 다육식물은 뿌리를 몸통 길이의 1/2까지 잘라서 정리한다.
4. 핀셋을 이용해 화분 중심에 키가 크고 포인트가 되는 다육식물을 먼저 심는다.
5. 포인트 식물을 중심으로 주위를 돌아가며 색감과 모양을 고려해서 나머지 식물들을 심는다.
6. 흰자갈로 마감한다.
7. 잎 위에 묻은 흙이나 자갈을 붓으로 잘 털어낸다.

다양한 연출이 가능한 스트링 가든

스트링 가든은 식물의 뿌리 부분과 흙을 이끼로 감싸 볼 형태로 만드는 작업으로, 일본 원예에서 처음 시도되어 일본어인 코케다마 kokedama라고도 한다. 살아있는 이끼가 전체를 감싸고 있기 때문에 가습 효과가 좋으며, 작은 접시에 올려두거나 행잉으로 연출하는 등 다양한 분위기를 낼 수 있다.

재료

식물, 일반이끼, 흙, 낚싯줄,
가위, 핀셋

만드는 법

1. 식물에 물을 흠뻑 줘서 흙을 촉촉하게 한다.
2. 일반이끼에도 물을 뿌려 촉촉하게 해둔다.
3. 일반이끼를 편평하고 넓게 편다.
4. 포트에서 식물을 조심스럽게 빼내어 여분의 흙으로 밑동을 동그랗게 감싸준다.
5. 밑동을 일반이끼로 부드럽게 감싼다.
6. 낚싯줄로 골고루 감아 고정시킨다.

청량감을 주는
수경식물 미니정원

수경식물은 오픈 테라리움이나 일반 화분에서도 다양하게 연출할 수 있다. 특히 실내 공간에 두면 청량감이 나서 더운 여름에 인테리어용으로 활용하면 효과가 좋다. 관리하기도 쉬운 편이어서 인테리어 용으로 인기가 많다.

- 오픈 테라리움: 테라리움은 유리 화기에 식물을 심어서 키우는 것으로 닫힌 형태의 유리 화기가 있고 열린 형태의 유리 화기가 있는데 열린 형태의 유리 화기를 오픈 테라리움이라고 한다.

재료

유리볼, 식물, 휴가토, 수태, 숯,
배양토, 마사토, 장식돌, 이끼, 핀셋

만드는 법

1. 깨끗한 유리볼에 삽이나 손으로 휴가토를 깐다.
2. 흙(마사토와 배양토)이 밑으로 새지 않도록 휴가토 위에 수태를 촘촘하고 얇게 깐다.
3. 수태 위에 숯을 한층 깐다.
4. 숯 위에 배양토를 얇게 깐다.
5. 식물을 포트에서 꺼낸 뒤 핀셋을 이용해 유리볼 안에 보기 좋게 배치하여 심는다..
6. 마사토와 장식돌, 이끼 등으로 마감을 한다.

벽면에 생기를 더하는
에어플랜트 액자

틸란드시아를 활용해 책상 위에 세워두거나 벽에 걸 수 있는 액자 형태로 만든 그린 DIY 장식품이다. 틸란드시아는 흙이 필요 없는 식물이기 때문에 일반 화분으로는 상상하지 못했던 새로운 시도가 가능하며 의외의 놀라운 인테리어 효과를 얻을 수 있다.

재료

나무판, 못, 망치, 가위
낚싯줄(또는 색실), 틸란드시아

만드는 법

1. 나무판에 원하는 형태로 나무못을 박아 고정해둔다.
2. 낚싯줄이나 색실로 못과 못 사이를 연결해 식물을 고정할 선을 만든다.
3. 중심이 되는 틸란드시아를 실 사이에 끼워 잘 고정한다.
4. 중심이 되는 틸란드시아 주변에 보기 좋게 다른 틸란드시아를 배치하여 끼운다.

그린 소재를 활용한 테이블 데코, 절화

절화는 여러 가지 식물 소재를 섞을 수 있어 화분보다 화려하고 풍성하게 연출이 가능하다. 또 단아함이나 단순한 분위기를 연출하고 싶을 때에는 한두 가지 소재만으로 식물 자체가 지닌 아름다운 선을 살리거나 색감으로 포인트를 줄 수도 있다. 절화는 화분에 비해 생명력이 짧기 때문에 특별한 날을 위한 이벤트 스타일링에 적합하다.

재료

여러 가지 계절 소재, 가위,
유리 화기

만드는 법

1. 깨끗한 유리 화기를 준비한다.
2. 계절 소재에 물이 닿을 부분은 이파리를 제거한다.
3. 줄기 끝부분을 사선으로 잘라 손질한다.
4. 한 손으로 계절 소재를 스파이럴 형태로 하나하나 잡아 그린 부케를 만든다.
5. 유리 화병에 물을 담고 그린 부케를 꽂는다.
6. 오래 두고 보려면 매일매일 물을 갈아준다.

초보자도 쉽게 따라 하는
플랜테리어 기본기

플랜테리어 스타일링을 시작할 때 식물의 선정이 무엇보다 중요하지만 그에 앞서 각각의 식물들이 지닌 외형이 어떤 분위기를 가지고 있는지 파악하는 것이 필요하다. 식물이 내는 분위기를 알아야 내가 연출하려는 분위기에 맞는 식물을 선택하고 스타일링할 수 있기 때문이다. 식물로 인테리어 스타일링을 할 때 고려해야 할 요건은 크게 나무의 수형, 텍스처, 색감이다. 이를 고려해서 스타일링해야 원하는 느낌의 플랜테리어 효과를 얻을 수 있다. 이 세 요소 중 어느 하나라도 부족하면 자칫 밋밋해지기도 하고, 의도하지 않은 분위기가 날 수도 있다. 또 세 가지 요소가 너무 과하면 복잡하고 지저분해 보일 수 있으니 적정선에서 마무리하는 것이 좋다.

공간의 인상을 만들어 주는 수형

식물마다 지니고 있는 수형이 달라 각각의 고유한 아름다움이 있다. 수형에 따른 식물의 구분법을 익힌다면, 여러 수형의 식물을 조합할 때 나는 분위기를 예측할 수가 있어 더욱 아름다운 공간을 만들 수 있다. 식물이 자라면서 변하는 모습도 유념하여 선택해야 한다.

나무 모양

전체적으로 풍성한 모양

우리가 일반적으로 알고 있는 기본적인 나무 모양이다. 굵은 줄기 부분은 비어있고, 수관 부분이 풍성한 형태를 말한다. 자연적으로 나무 모양으로 수형이 잡혀있는 식물들도 있지만, 실내에서 키우는 용으로 인위적으로 모양을 만들기도 한다. 나무 모양 수형을 지닌 식물은 대부분 1~2m 내외의 높이라 키가 큰 식물을 배치할 때 주심을 잡는 역할을 한다. 여러 식물들과 잘 어울리는 형태이다.

뿌리에서 줄기가 많이 나오는 야자나무과가 여기에 속한다. 전체적으로 이파리가 많아 풍성한 형태를 지니고 있어 존재감이 크다. 대부분의 열대식물들이 이러한 형태를 가지고 있는데 물을 좋아해 실내 습도 조절 효과도 크다. 플랜테리어로 활용하면 싱그럽고 청량한 분위기를 연출할 수 있다.

| 직선형 | 덩굴형 | 로제트형 |

이파리가 퇴화해서 곧은 줄기만 보이는 형태이다. 군더더기 없는 깔끔하고 모던한 분위기를 연출할 때 안성맞춤이며, 키우기도 쉬워 인기 있는 수종이 많다.

정글에 온 듯한 분위기를 연출할 하거나, 선반 위 또는 행잉 플랜츠로 연출할 때 아주 탁월한 형태이다. 생장도 빠르고 비정형적으로 뻗어나가기 때문에 원하는 모양으로 언제든지 만들 수 있다. 기하학적인 식물 지지대와 함께 연출한다면 색다른 분위기를 연출할 수 있다.

쉽게 말하면 장미꽃 모양의 식물이라고 보면 된다. 많은 다육식물이 이러한 형태를 띠고 있으며, 그 외에도 아가베아타누아타, 소철 등이 사방형으로 자란다. 로제트형 식물들은 플랜테리어에서 포인트 역할을 톡톡히 해낸다.

분위기 메이커 텍스처

같은 모양의 이파리라도 잎의 두께와 *모용의 유무 등에 따라 다양한 텍스처를 지닌다. 가녀리고 몽환적인 무드, 강인하고 단단한 무드 등은 바로 식물이 지닌 고유의 텍스처에서 나오는 것이다.

전체적인 분위기를 만드는 것이 목적이라면 텍스처에 따라 식물을 골라보자. 예를 들어 감성적인 무드를 연출하고 싶다면 여리고 몽환적인 느낌의 얇고 가녀린 이파리를 가지고 있는 식물을 골라 연출하면 좋다.

- **모용**: 털이나 비늘 등의 식물 표피의 생성물

가녀리고 몽환적인 느낌

갈대, 핑크뮬리, 팜파스 등 잔털이 있거나 이파리가 얇고 가는 식물들이 이색적인 분위기 연출을 할 때 효과적이다.

단단한 느낌

텍스처의 느낌은 주로 이파리에서 느껴지는 경우가 많다. 단단한 느낌은 이파리가 두껍고 광택이 흐르는 고무나무나 소철, 크기가 큰 다육식물 등에서 느낄 수 있다.

느낌을 살리는 색감

같은 초록색 이파리라고 해도 다양한 색감이 있다. 여리고 밝은 연두색부터 어둡고 진한 초록색, 붉은색, 흰색 등 다양하다. 꽃이 없는 식물만으로도 다양한 색감과 느낌으로 공간과 장면을 연출할 수 있다.

밝은 연두색 계열

형광 스킨답서스, 제라늄, 마리안느, 아비스, 문주란, 율마 등

진한 초록색 계열

후마타고사리, 아글라오네마 로망스, 줄리아 페페로미아, 필로덴드론 레드 콩고, 블루벨벳 등

붉은색 계열

아글라오네마, 오로라, 칼라데아 진저, 핑크스타, 부자란 등

흰색 계열

쿠션부쉬, 램즈이어, 화이트스타, 칼라벤자민 등

공간이 살아나는 식물 배치의 기본

앞에서 설명한 요소들을 활용하면 같은 공간이라도 다른 분위기를 연출할 수 있다. 플랜테리어 공간 연출로 인기가 있는 모던, 트로피칼, 지중해, 어반 정글 네 가지 스타일링을 해봤다. 같은 공간이라도 스타일링에 따라 어떻게 분위기가 바뀌는지 확인해보자.

모던 스타일링

모던한 분위기를 연출하려면 전체적으로 수형이나 텍스처가 깔끔하게 떨어지는 식물을 활용하는 것이 좋다. 화기의 색상을 모노톤으로 통일하기만 해도 기본적인 모던 스타일링이 쉬워진다. 사계절 유행을 타지 않는 스타일링이라 오래 두고 보면서도 질리지 않는 스타일링을 원할 때 시도해 보면 좋다.

여인초, 유카, 무륜주, 귀면각 등 다양한 크기와 형태의 식물을 활용해서 모던한 분위기를 연출했다. 화기도 그레이와 화이트 색상만 선택해서 모노톤으로 정돈하면 연출하기 수월하다.

트로피컬 스타일링

실내 식물로 활용되는 식물에는 열대 식물이 많기 때문에 트로피컬 분위기는 어렵지 않게 스타일링할 수 있다. 잎이 많은 식물을 선택하면 더욱 수월해진다. 실내를 싱그럽고 시원한 분위기로 연출하고 싶을 때 특히 여름철에 활용하면 좋다.

아레카야자, 셀로움, 아스파라거스, 보스톤고사리, 아비스, 칼라데아, 극락조화를 활용해 트로피컬 스타일링을 해봤다. 사진의 보스톤고사리처럼 시원한 느낌을 주는 해초 바구니를 화분에 덧씌우면 열대 분위기를 한층 더할 수 있다.

지중해식 스타일링

요즘은 지중해 풍 식물들도 쉽게 구할 수 있다. 잿빛이 도는 식물을 포함하여 스타일링한다면 훨씬 더 세련된 분위기를 연출할 수 있다. 토분이나 파스텔 톤의 색감이 있는 세라믹 화분을 활용해야 지중해 풍 식물들과 잘 어울린다. 서정적인 분위기와 여성적인 느낌을 연출할 수 있다. 식물을 구하거나 고르기 어렵다면 어느 정도 크기가 큰 허브류를 많이 활용하는 것도 방법이다.

로즈메리, 팔손이, 유칼립투스, 소철, 라벤더를 활용해 지중해의 바다와 태양, 여유로움이 느껴지도록 스타일링했다.

어반 정글 스타일링

어반 정글 분위기로 스타일링을 할 때에는 다양한 행잉플랜츠를 활용해 공간의 윗부분을 채워주자. 그 다음 바닥에 실내 식물을 함께 어우러지도록 배치해 밀도가 높게 연출하는 것이 효과적이다. 식물을 많이 연출하는 스타일링인 만큼 각 식물마다 세심하게 관리해주어야 오래도록 어반 정글 스타일을 즐길 수 있다.

관음죽, 알로카시아, 칼라데아, 보스턴고사리, 실버레이디, 아비스, 엽란, 셀로움. 대나무 야자 등 실내식물을 배치한 뒤 벽면에 나뭇가지에 틸란시아를 넣어 걸어서 빼곡한 느낌의 정글을 연출했다.

공간이 살아나는 플랜테리어 실전

지금까지 앞에서 알아본 모든 내용들은 결국 우리 삶을 더욱 청량하고 풍요롭게 해줄 플랜테리어를 하기 위해 익혀야 할 기본기였다. 이제 우리가 생활하는 각 공간에 어울리는 본격적인 플랜테리어를 시도해보자. 식물을 적재적소에 배치하여 공간에 생기와 활력을 불어넣어 준다면 더욱더 편안하면서도 세련된 분위기에서 생활이 가능해지며 우리 삶의 질도 높아질 것이다.

주거 공간 식물 배치의 기본

부부와 아이 3인 가족이 사는 20~30평대 아파트를 기준으로 실내에 식물을 배치하는 법을 알아보자. 공간마다의 적절한 식물 배치는 관상용으로서 뿐만 아니라, 공간 자체의 기능을 극대화할 수 있으며 미세먼지나 악취 제거와 같은 환경적인 문제 해결력까지 갖출 수 있다.

● **현관**
들어서면 가장 먼저 보이는 곳인 현관에는 생기를 불어넣어 줄 밝고 풍성한 스킨답서스를 놓아보자.
스킨답서스, 스파티필름

● **욕실**
습한 환경을 좋아하는 열대 식물을 배치하는 것이 좋다.
보스톤고사리, 뮤렌베키아

● **아이방**
아이를 위해서는 흙이 필요 없는 틸란드시아 종류나 공기정화 식물을 배치해보자.
스투키, 틸란드시아, 안수리움

● 주방

다이닝 공간에는 큰 나무와 작은 센터피스를, 창가에는 작은 허브 정원을 꾸며보자.
극락조화, 떡갈잎 고무나무, 아이비

● 서재

집중을 위한 공기정화 식물과 작은 휴식을 위한 안락한 소파만 있으면 서재가 완성된다.
소피아 고무나무, 벤자민 고무나무

● 거실

넓은 공간에는 크고 풍성한 식물을 과감하게 배치해보자.
아레카야자, 드라세나 자바

● 침실

사이드 테이블에는 호접란이나 산세베리아 등 CAM 대사 식물을 놓아보자.
호접란, 산세베리아, 필로덴드론 셀로움

침실 Bedroom

침실은 휴식과 재충전을 위한 공간으로서 우리에게 매우 소중한 곳이다. 식물은 이 소중한 공간을 편안하고 아늑하게 꾸며주는 데 큰 역할을 한다. 침대 옆 사이드 테이블 위에 작은 화분 한 개를 두어도 좋고, 여러 가지 식물로 어반 정글 분위기를 연출해도 좋다. 식물이 있는 침실은 없을 때보다 훨씬 아늑하고 평화로운 공간이 될 것이다.

배치

침실에 식물을 둘 때에는 어디에 배치해야 효과적일까? 침대 옆 사이드 테이블이나 콘솔, 화장대 위에 작은 화분을 두는 것부터 시작해보자. 공간에 여유가 있다면 크기가 큰 식물을 들여놓는 것도 시도해보자.

다양한 선인장을 함께 연출해서 침실 한켠의 색감을 살렸다.

잎이 늘어지는 식물들을 활용해 선반과 테이블 위 공간을 채우고, 마크라메 벽 장식물을 배치해 따뜻한 느낌을 줬다.

빛

침실에 빛이 많이 들어오지 않는다면 반음지나 음지식물 중에서 고르는 것이 좋다. 침실에 빛이 많이 들어온다면 식물 선택의 폭이 더 넓어져서 다양한 연출이 가능하다.

프라이버시

침실의 창문이 크고 옆집과의 거리가 가까워서 사생활 보호가 필요하다면 창가에 행잉 플랜츠나 작은 화분을 여러 개 배치해보자. 키가 큰 식물을 두어 시선을 살짝 차단시켜주는 것도 방법이다.

여러 식물로 어반 정글 분위기를 내거나 침대 옆 콘솔 위에 작은 화분을 두는 것부터 시작해보자.

상　좌로부터 마오리 코로키아, 다육식물류, 디시디아 디필라

하　디펜바키아

사생활 보호가 필요하다면 창가에 행잉 플랜츠나 작은 화분 여러 개를 배치해보자.
좌로부터 넉줄고사리, 더피고사리, 아디안텀

거실 living room

거실은 보통 집에서 가장 넓은 공간이며 여러 가지 복합적인 역할을 하는 곳이다. 편안한 휴식을 위한 공간이기도 하고, 지인을 초대해 맞이하는 공간도 되며, 가족들이 모이는 공동의 공간이기도 하다. 소파나 탁자, 수납장 등의 큰 가구들이 배치되어 있기 때문에 식물을 이용해 전체적 스타일링을 하기보다는 포인트를 주는 것이 좋다. 거실 한 켠의 죽은 공간이나 빈 벽면을 찾아보자. 식물을 활용한 다양한 스타일링을 통해 새로운 공간으로 변신이 가능하다.

배치

공간에 여유가 있다면 큰 대형 식물 한두 개 배치해볼 것을 권한다. 공간이 조금 협소해도 창가나 벽 쪽에 키가 큰 대형 식물을 놓으면 공간이 살아난다. 거실에는 뭐니 뭐니 해도 큰 식물이 가장 효과적이다. 식물 여러 개로 스타일링하고 싶다면 벽면으로 눈길을 돌려보자. 소파나 낮은 장식장 위에 월플랜터를 설치해 식물을 배치할 수도 있고, 선반 위에 작은 화분 여러 개를 둘 수도 있다. 이렇게 하면 바닥 공간이 협소해도 다양한 식물들과 함께 생활이 가능하다.

거실 테이블

다육식물을 모아 심은 센터피스나, 작은 테라리움이 좋다. 또는 작은 화분을 두세 개 모아두거나 틸란드시아 몇 개를 유리 접시에 무심한 듯 던져두어도 좋은 센터피스가 된다.

상   거실 탁자 위에는 키가 낮은 테라리움과 틸란드시아, 유리 소품을 함께 스타일링해보자.

하   다육식물 센터피스와 스트링 가든, 작은 테라리움을 함께 연출해도 좋다.

화이트로 색감을 맞춘 선인장과 립살리스가 선반을 채워주고, 드라세나 마지나타가 공간의 중심을 잡아주고 있다.

큰 극락조화와 유카, 칼라데아 메달리온, 형광 스킨답서스를 활용해 비어 있는 코너를 연출하고, 소파 뒤에 어울리는 그림을 함께 배치하여 공간을 채우면 세련된 거실이 연출된다.

작은 식물 여러 개로 스타일링을 하고 싶다면 소파나 낮은 장식장 위에 월플랜터를 설치해 식물을 배치할 수 있다.

주방 Kitchen and Dining room

주방은 물을 쓰는 공간이기 때문에 식물을 키우기 좋은 환경이다. 더불어 주방은 거실만큼이나 다양한 역할을 하는 공간이기도 하다. 요리를 하고, 가족들과 식사를 하고, 손님을 초대하거나 때로는 공부를 하는 공간이 되기도 한다. 이렇게 다용도인 주방을 식물로 채운다면 건강과 활용, 관상 세 마리 토끼를 한꺼번에 잡을 수 있다.

주방의 플랜테리어는 장식적인 효과는 물론 미세먼지 제거나 식재료 활용 등 기능성을 감안한 다양한 배치와 연출이 가능하다.

프레임이 예쁜 테라리움은 다이닝 테이블의 센터피스로 그 역할을 톡톡히 해낸다.

배치

주방과 다이닝 공간이 나뉘어 있는 경우, 빈 벽면이나 코너를 활용해 여러 식물을 함께 배치하여 미니정원을 꾸밀 수 있다. 창틀에 공간이 있다면 덩굴식물을 배치해 싱그러움을 더해보자. 식탁에는 테라리움으로 미니정원을 꾸밀 수 있고, 특별한 이벤트마다 다양하게 스타일링할 수 있다.

공기정화와 식재료 활용

주방의 창가에 햇빛이 잘 든다면 월플랜트를 설치하거나 작은 화분 또는 행잉으로 허브나 채소를 키울 수 있다. 주방을 생기 있고 화사하게 만들어주는 플랜테리어 효과는 물론 공기정화에도 좋고 식재료로 활용할 수 있어 더욱 좋다.

좌 행잉으로 넉줄고사리, 싱크대 위에는 아이비, 쉬플레라, 마란타로 연출했다.

중 작은 식물과 이파리로 특별한 날을 위한 다이닝 테이블을 꾸며보자.

우 해가 잘 들어오는 창가에는 허브를 심어 설거지 할 때마다 향기도 맡고 요리에도 활용해보자. 월플랜터에는 좌로부터 싱고니움, 뮤렌베키아, 에플민트, 라밴더와 로즈메리를 심었다.

욕실 Bathroom

욕실은 우리가 빈번히 사용하면서도 정작 인테리어에는 별로 신경 쓰지 않는 공간이다. 특색 없이 어느 집에 가나 비슷비슷해서 변별력이 떨어지는 공간이기도 하다. 조금만 관심을 기울이면 욕실이 몰라보게 달라질 수 있다. 욕실은 습한 환경을 좋아하는 음지식물에게 좋은 환경이 될 수 있다. 아주 작은 식물 한 두 개만 들여놓아도 이전과는 확연히 다른 분위기가 연출된다.

배치

욕실에서 화분을 배치할 공간을 찾기란 어렵지 않다. 작은 사이즈의 화분이나 스트링 가든을 활용해서 선반 위나 창가에 배치해보자. 행잉 화분을 활용해 천정 고리에 매다는 것도 방법이다. 부피가 큰 식물보다는 위로 자라거나 덩굴식물처럼 위에서 늘어뜨릴 수 있는 식물을 선택하는 것이 좋다. 음지식물이라 하더라도 빛을 필요로 하기 때문에 욕실에서 키우는 식물은 자주 밖으로 가지고 나와 빛을 보게 해줘야 건강하게 키울 수 있다.

악취 제거와 공기정화

암모니아 제거에 탁월한 관음죽, 맥문동 등을 활용해 욕실을 연출하면 악취 제거와 공기정화에 탁월하다.

벽면이나 천정에 고리가 있다면 스트링 가든을 늘어뜨려 보자.

욕실 선반 위에는 작은 관음죽이나 보스톤고사리도 좋다.

음지에서도 잘 클 수 있는 스파티필름, 스킨답서스, 아이비 등을 활용해 풍성하고 싱그러운 욕실을 연출 할 수 있다.

서재나 작업실은 개인의 취향을 가장 잘 드러낼 수 있는 공간이므로 좋아하는 책과 그림, 식물을 함께 배치해보자. 관리하기 쉬운 구즈마니아, 테이블야자, 소피아 고무나무, 미세먼지 제거에 좋은 틸란드시아 등을 함께 연출했다.

서재나 작업실 Library or studio

서재나 작업실, 또는 작은 사무실은 우리에게 집중력과 안정, 그리고 영감을 주는 공간이 되어야 한다. 이런 공간을 식물로 채운다면 그 기능을 더욱 향상할 수 있다. 서재나 작업실에 플랜테리어를 해보자. 공기정화는 기본이요, 식물을 가꾸는 활동을 통해 업무나 공부에 지친 심신에 휴식과 안정을 줄 수 있으며, 새로운 아이디어가 샘솟게 될 것이다.

배치

서재나 작업실은 공간이 협소한 경우가 많다. 작은 공간에 내가 좋아하는 소품이나 작품과 함께 식물을 배치한다면 더욱더 영감을 주는 공간이 탄생하게 될 것이다.

서재나 작업실의 책장이나 선반도 훌륭한 플랜테리어 공간이 된다. 이곳에 내가 좋아하는 책과 함께 식물을 연출한다면 주인의 취향을 한껏 드러낼 수 있다. 식물을 좋아하는 사람이라면 표지가 예쁜 식물 관련 책을 놓고 그 주변을 테이블야자, 테라리움, 선인장, 틸란드시아 등으로 꾸며보자. 학업이나 작업에 몰두하다가 잠시 눈길을 줄 수 있는 나만의 아트월이 생긴다.

원룸 Studio

1인 가구를 위한 작은 원룸은 집의 모든 기능이 압축되어 들어가 있기 때문에 좀처럼 여유 공간을 찾기가 어렵다. 이럴 때에는 대형 식물 대신 중형 식물 하나와 선반을 활용한 작은 화분 몇 개, 행잉 플랜츠 만으로도 플랜테리어가 가능하다. 이런 작은 시도를 통해서도 삭막한 도시생활에서 나만의 정원을 갖는 기쁨을 만끽할 수 있다.

상 좁은 공간은 선반을 잘 활용하는 것이 효과적이다. 선인장과 다육식물, 디시디아 디필라로 선반을 꾸며봤다.

하 플랜터 행거를 벽면을 건 뒤에 식물 그림 액자로 플랜테리어를 마무리했다.

공간이 좁은 원룸에 큰 식물을 놓고 싶을 때에는 비교적 공간을 덜 차지하는 키가 큰 선인장류가 제격이다.

이색 주거공간과 카페, 전시 공간

지금까지 다뤘던 주거 공간이 아닌 좀 색다른 주거 공간과 상업 공간, 그리고 카페나 전시 공간은 그 용도에 따라 플랜테리어의 콘셉트가 정해진다. 요즘은 식물을 콘셉트로 대규모 설치를 한 상업 공간이나 카페도 많이 생겨나고 있다. 특히 상업 공간은 주거 공간에 비해 공간의 여유가 있고 천정이 높은 경우가 많아 다양하고 과감한 시도가 가능해진다.

보편적인 침실과는 달리 플랜테리어 하기에 적합하도록 이색적인 침실을 꾸며봤다. 사방의 벽면을 모두 나무합판으로 마감해 그린 스타일링에 어울리는 배경을 설치했으며 침대에는 헤드보드 대신 위에 선반을 설치했다. 이런 침실이라면 아침에 눈을 뜨자마자 그린 라이프를 시작할 수 있을 것이다.

공간이 좁은 침실은 선반을 활용해 플렌테리어를 한다면 이색적인 분위기를 연출할 수 있다.

카페- 더리틀파이

대형 테이블이 있는 룸에는 선인장 테라리움과 함께 행잉 유리볼, 에어 플랜츠 등을 스타일링해 통일감을 주면서도 신비한 분위기를 연출했다.

카페- 메시

작은 공간에 겨울 분위기를 연출하기 위해 목화,
너도밤나무, 낙엽송, 깃버들 등의 소재를 활용했다.

갤러리- 대림창고 갤러리 컬럼
—
기존에 있던 죽은 자작나무의 줄기를 살려 수염 틸란드시아를 연출했다. 바닥은 마운딩을 주고 잔디를 깔아 자연적이면서도 깔끔하게 정돈된 느낌을 내봤다.

숍- 쿠에른 이태원 컨셉 스토어

쇼윈도 앞에 좁고 긴 정원공간을 마련했다. 숍을 찾는 고객들이 신발을 신고 사진을 찍을 수 있도록 잔디와 자갈, 화산석, 다육식물을 활용해 키가 낮은 정원을 연출했다.

계절 & 이벤트별 플랜테리어 스타일링

공간별 스타일링을 마스터했다면 이제 1년 365일 중 계절이 바뀔 때, 또는 생일이나 크리스마스 등 특별한 날을 위한 플랜테리어 스타일링을 배워볼 차례다. 매일매일 반복되는 일상에서 식물 배치 몇 개만 바꿔봐도 계절감이 살아나며 특별한 날을 더욱 특별하게 만들어 줄 것이다.

봄맞이 새단장 스타일링

봄은 식물과 가장 잘 어울리는 계절이다. 평소에 식물을 좋아하지 않던 사람도 화분 하나쯤 사서 들여놓기 일쑤다. 실내에서도 봄의 정취를 한껏 즐길 수 있도록 봄맞이 스타일링을 해보자.

키친가든

만물이 싹트는 봄을 맞아 향기로운 허브로 주방을 꾸며보자. 눈과 코로 봄의 정취도 느끼고, 요리에도 쓸 수 있어 세 가지 감각을 만족시켜주는 1석 3조의 아이템이다. 작은 화분 그대로를 놓아도 좋고, 다 먹은 잼병이나 유리컵 등을 활용해서 스타일링해도 좋다.

다이닝 테이블 스타일링

봄맞이 손님 초대를 할 때 세련된 다이닝 테이블을 스타일링해보자. 센스 있는 연출로 음식의 맛도 분위기도 배가 될 것이다.

타임, 레몬밤, 애플민트, 라벤더 등
여러 가지 허브를 모아서 심었다.

크기가 큰 이파리는 다이닝 테이블 스타일링에서 테이블 매트로도 활용할 수 있다.

여름맞이 시원한 스타일링

여름은 실내 플랜테리어 효과를 톡톡히 볼 수 있는 계절이다. 무더운 여름 진초록색으로 늘어진 나뭇잎 하나만으로도 우리는 청량감을 느낄 수 있고, 약간의 플랜테리어로 내 집을 순식간에 휴양지로 만들 수도 있다.

로맨틱한 휴가지

더운 여름에 내 집을 휴가지처럼 꾸며보자. 몇 가지 열대 식물과 비치의자만으로 충분하다. 반려식물들의 재배치를 통해 새로운 무드 연출이 가능하니 쉽게 따라 할 수 있을 것이다.

수경식물 월데코

투명한 화기에 수경식물을 담가 벽을 장식한다면 청량감을 주어 무더운 여름의 실내온도를 낮출 수 있다.

좌 더위에 지친 여름, 나만을 위한 휴식 공간이다. 극락조화, 위싱턴야자, 대나무야자, 엽란, 칼라데아 등 열대식물로 시원하게 그늘을 만들어 봤다.

우 투명한 벽걸이 유리병에 수경 재배가 가능한 식물들을 넣어 벽면을 시원하게 연출했다.

가을맞이 분위기 스타일링

가을은 봄의 풋풋함이나 여름의 청량감과는 또 다른 가을만의 독특한 분위기가 있다. 마른 소재나 결실의 계절인 가을 열매를 활용한다면 효과적으로 가을 분위기 스타일링이 가능하다.

갈대 스타일링

몇 가지 사초류를 활용해 가을 분위기 스타일링에 도전해보자. 예쁘게 마르는 소재들이 많아 한 번 스타일링 해두면 가을 내내 감상할 수 있다.

핼러윈 스타일링

호박과 마른 나뭇가지를 활용해 간단하면서도 세련된 핼러윈 스타일링이 가능하다.

호박, 나뭇가지, 리본 등을 활용해서 모던한 분위기의 핼러윈을 연출했다.

겨울맞이 크리스마스 스타일링

겨울 하면 뭐니 뭐니 해도 크리스마스가 가장 먼저 떠오른다. 초겨울부터 크리스마스를 기다리며 집에 있는 식물로 다양한 플랜테리어를 시도하다 보면 크리스마스도 또 이듬해 봄도 어느새 성큼 다가올 것이다.

크리스마스 스타일링

정통 크리스마스트리로 스타일링도 가능하고 기존에 집에 갖고 있는 화분이나 식물에 한 두 가지 소품만 더해서도 크리스마스 분위기를 충분히 낼 수 있다. 테라리움 용기에 틸란드시아나 작은 트리와 조명을 활용하여 크리스마스 테이블을 연출해도 좋다.

다육식물로 리스를 만들어 양초를 감싸면 크리스마스 만찬용 센터피스가 완성된다.

코니카 가문비, 미니트리 조화 등을 활용하면 테이블을 장식할 수 있는 작고 예쁜 트리가 완성된다.

화이트 스타일링

―

겨울 하면 또 하나 빼놓을 수 없는 게 하얀 눈이다. 하얗고 포근한 겨울 이미지를 위해서 흰 면실로 엮은 마크라메로 벽면을 장식하고, 투명 유리 테라리움이나 화이트 세라믹 화기에 담긴 식물로 테이블 위를 장식하면 따뜻하면서도 깨끗한 겨울 스타일링이 완성된다.

마른 나뭇가지와 목화, 흰색 또는 투명한 오너먼트를 선택해 모던한 분위기의 겨울 스타일링을 완성했다.

권말부록 1

플랜테리어 Q&A

권말부록 2

플랜트 Wikipedia

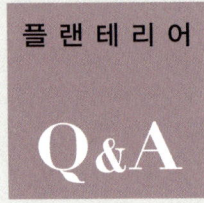

플랜테리어 Q&A

Q1
휴가나 장기 여행 후 돌아오면 식물의 상태가 좋지 않은데요. 이럴 때 식물 관리는 어떻게 하면 좋을까요?

A 일주일 이상 집을 비우면 식물은 물이 말라 힘들어해요. 집을 비우기 직전에 물을 흠뻑 준 다음, 플랜트 피더plant feeder(물을 채운 후 화분 흙에 꽂아 두는 것)을 활용하면 좋아요. 화분 속의 흙이 건조하면 삼투압작용으로 플랜트 피더 속에 채워둔 물이 흘러들어가거든요. 플랜트 피더가 없다면, 화분 옆에 물통을 준비하고 두꺼운 면 끈을 흙 속에 넣은 다음, 물통과 연결해주세요.

Q2
햇빛이 잘 들고 물도 잘 주는데 잎이 누렇게 변했어요. 왜 그럴까요? 그리고 어떻게 하면 될까요?

A 누렇게 변했다면 과습이 주요 원인일 수 있어요. 하지만 각 식물마다 증상이 달라 100% 확신할 수는 없죠. 흙 속까지 수분이 남아있는지 잘 체크해보는 것이 중요해요. 무엇보다 식물이 항상 촉촉한 상태의 흙을 좋아하는지, 건조한 후에 흠뻑 줘야 하는지 알아보고 키우는 것이 플랜테리어의 시작입니다.

Q3
새 집으로 이사를 하게 되었는데 새집증후군에 도움이 되는 식물은 어떤 것이 있나요?

A 새집증후군은 새집에서 나오는 휘발성 유기화합물(벤젠, 포름알데히드, 톨루엔, 아세톤 등)로 인해 건강상의 문제를 일으키는 것을 말해요. 이 책에 소개되는 모든 식물들은 기본적으로 새집증후군에 도움이 되고, 그중에서도 NASA에서 선정한 공기정화 식물 중 순위가 높은 식물들이 그 효과가 더욱 커요. 아레카야자나 관음죽 같은 식물들이 여기에 속해요.

Q4
집 안에서 식물 키울 때 화분의 위치를 정하는 기준은 무조건 창가인가요?

A 내가 키우는 식물이 양지, 반양지, 반음지, 음지 식물인지 미리 체크를 해봐야 하지만, 음지식물에게도 햇빛은 필요해요. 창가에서 멀더라도 밝은 곳이 좋겠죠. 반양지나 반음지 식물의 경우에는 강한 직사광선 아래에서는 잎이 탈 수 있기 때문에 무조건 창가가 좋다고 하기는 어려워요.

Q5
식물 키울 때 물은 아침이나 저녁 언제 주는 것이 좋으며 얼마나 줘야 하나요?

A 강한 직사광선이 내리쬐는 여름에는 아침 일찍이나 해질 녁이 좋아요. 한낮에는 잎에 맺힌 물방울로 인해 잎이 타는 경우가 많거든요. 추운 겨울에는 햇빛이 좋은 날 오전이 좋습니다. 밤에는 기온이 영하로 떨어지기 때문에 창가에 있는 식물에 밤에 물을 주면 뿌리가 얼어버려서 죽을 수도 있어요.

Q6
여름철 차가운 에어컨 바람은 식물에 어떤 영향을 미치나요?

A 에어컨은 습한 여름에 공간을 시원하고 쾌적하게 만들어주지만, 끄고 나면 공간에 습기가 생겨서 곰팡이가 생기기 좋은 환경이 돼요. 그래서 끄고 나면 반드시 환기를 시켜주는 게 좋아요. 마찬가지로 식물에게도 흙이나 줄기에 곰팡이가 생길 수 있기 때문에 환기가 아주 중요해요. 선풍기를 활용하는 것도 방법입니다.

Q7
여름철이면 식물이 말라죽어서 속상해요. 더위에 강한 식물을 추천해 주세요.

A 여름에는 기온이 높기 때문에 식물들의 증산작용이 더욱 활발해서 물을 거의 매일 줘야 해요. 하지만 다육식물의 경우는 습한 여름에 물을 주면 금방 녹아 죽기도 하죠. 여름에 건조하게 관리해야 하기 때문에 다육식물에게 여름은 힘들어요. 이럴 때에는 수경식물을 키우는 것도 방법입니다. 단 수경식물이라도 물은 자주 갈아줘야 해요.

Q8
겨울 히터 바람은 식물에 어떤 영향을 미치나요?

A 히터는 보통 천정에서 많이 내려와요. 식물에게 겨울은 휴면기이기 때문에 실내에서는 새로 자라는 경우는 드물고, 현 상태가 유지되거나 잎이 떨어지는 경우가 많아요. 평소보다 물은 자주 주지는 않지만 그래도 물이 필요하죠. 히터를 사용하면 화분 속의 흙은 축축한데 잎이 마르게 돼요. 실내 공간이 엄청 건조해지니까요. 그럴 때에는 이파리에 스프레이를 자주 해줘서 잎이 마르지 않게 해줘야 해요. 잎이 마른다고 흙에 자꾸 물을 주면 과습으로 식물이 힘들어합니다.

Q9
겨울철에 식물이 얼어 죽는데요 추위에 강한 식물을 추천해 주세요

A 기본적으로 식물을 놓은 실내 공간의 기온이 낮다면 식물을 좀 더 따뜻한 곳으로 옮겨놓는 것이 좋아요. 밖에 심어져 있는 식물들은 땅의 지열이 있기 때문에 줄기는 얼어도 뿌리가 잘 얼지는 않지만, 화분에 심어져 있는 식물들은 화분이 외부 냉기를 모두 받기 때문에 뿌리가 바로 얼어버리거든요. 실내에서 키우는 식물들 중에 영하의 온도를 견디는 식물은 거의 없어요. 그 중에 목대가 형성된 아이비 같은 식물들은 생존하기도 하죠. 하지만 약한 줄기를 가진 식물들은 애초에 따뜻한 곳으로 옮겨야 합니다.

Q10
집이 지층에 있어 햇빛이 거의 들어오지 않는데요 햇빛 없이 실내에서 잘 자라는 식물은 어떤 것이 있나요?

A 햇빛 없이 자라는 식물은 없습니다. 음지식물이라도 간접광은 필요해요. 햇빛이 안 들어오는 실내라면 밝은 LED조명이라도 5시간 이상 켜놓는 게 좋습니다. 스파티필름, 스킨답서스, 산호수 등이 좋아요.

플랜트
Wikipedia

가나다순

게발선인장

학명 Zygocactustruncatus **과명** 기둥선인장아과

빛 반양지
물 봄·가을 – 주1회
　　여름·겨울 – 월1회
온도 21~25℃/최저 13℃ 이상

11~12월에 빨간 꽃이 핀다.

관음죽

학명 Rhapis excelsa **과명** 야자과

빛 어디서나
물 평소– 겉흙이 말랐을 때
　　겨울– 흙 전체가 말랐을 때
온도 16~20℃/최저 5℃

자라는 속도가 느리고 병해충에 강하다.

구즈마니아

학명 Guzmania dissitiflora **과명** 파인애플과

빛 음지
물 겉흙이 말랐을 때
온도 21~25℃/최저 13℃ 이상

추위에 약한편이다. 차광을 강하게 해주어야 한다.

귀면각

학명 Carnegia peruvianus **과명** 선인장과

빛 양지 반양지
물 건조하게 유지
온도 최저 5℃

뿌리가 젖어있지 않도록 관리한다.

극락조화(여인초)

학명 Strelitzia reginae **과명** 파초과

빛 반음지 반양지
물 평소– 겉흙이 말랐을 때
　　겨울– 흙 전체가 말랐을 때
온도 16~20℃/최저 5℃

잎의 형태가 열대 지방에 사는 극락조를 닮아 극락조화라는 이름이 붙었다.

넉줄고사리

학명 Humata tyermannii(Davallia griffithiana) **과명** 고사리과

빛 어디서나
물 평소– 흙이 항상 촉촉하게
　　겨울– 겉흙이 말랐을 때때
온도 16~20℃/최저 5℃

과습일 때에나 건조할 경우 모두 병충해가 생길 수 있지만 거미발만 살아있다면 새순이 난다.

녹보수(해피트리)

학명 Heteropanax fragrans **과명** 두릅나무과

빛 반양지
물 겨울– 흙 전체가 말랐을 때
온도 21~25℃/최저 13℃ 이상

추위에 약하니 겨울에는 베란다에서 실내로 들여놓는 것이 좋다.

담쟁이 덩굴

학명 Parthenocissus tricuspidata **과명** 포도과

빛 어디서나
물 평소- 겉흙이 말랐을 때
　　겨울- 흙 전체가 말랐을 때
온도 5℃ 이상

덩굴성 식물이지만 감고 올라가지 않고 달라붙어 타고 올라가는 형태이다.

대나무야자

학명 Chamaedorea seifrizii Burret **과명** 야자과

빛 반양지
물 겉흙이 말랐을 때
온도 21~25℃/최저 13℃ 이상

옆면에 스프레이를 해주면 이파리가 싱싱하게 유지된다. 검은색 열매에는 독성이 있다.

드라세나 드라코

학명 Dracaena draco **과명** 백합과

빛 반양지
물 평소- 겉흙이 말랐을 때
　　겨울- 흙 전체가 말랐을 때
온도 21~25℃/최저 13℃ 이상

독성이 있다.

드라세나 마지나타

학명 Dracaena marginata **과명** 백합과

빛 반양지
물 평소- 겉흙이 말랐을 때
　　겨울- 흙 전체가 말랐을 때
온도 16~20℃/최저 10℃

찬물 사용에 주의한다.

드라세나 송오브인디아

학명 Dracaena reflexa 'Song of India' **과명** 백합과

빛 어디서나
물 평소-흙이 항상 촉촉하게
　　겨울- 겉흙이 말랐을 때
온도 16~20℃/최저 5℃

꽃말은 번영과 영광이다. 어두운 그늘에서 잘 적응하는 소형종이다.

드라세나 송오브자마이카

학명 Dracaena reflexa 'Song of Jamaica' **과명** 백합과

빛 어디서나
물 평소- 겉흙이 말랐을 때
　　겨울- 흙 전체가 말랐을 때
온도 16~20℃/최저 5℃

겨울철에는 차가운 물을 주면 잎이 황변할 수 있으므로 하루쯤 받아둔 물을 준다.

드라세나 자바

학명 Dracaena angustifolia 'Java' **과명** 백합과

빛 반음지
물 평소- 겉흙이 말랐을 때
　　겨울- 흙 전체가 말랐을 때
온도 16~20℃/최저 13℃

환경이 비교적 좋지 않은 장소에서도 잘 자란다. 푸른 잎이 풍성하게 자라서 멋진 수형을 감상할 수 있다.

디시디아 디필라

학명 dischidia **과명** 협죽도과

빛 반음지
물 겉흙이 말랐을 때
온도 21~25℃/최저 13℃ 이상

스프레이를 자주 해 주는 게 좋다.

디펜바키아

학명 Dieffenbachia 'Marianne' **과명** 천남성과

빛 반음지·반양지
물 평소– 겉흙이 말랐을 때
　　 겨울– 흙 전체가 말랐을 때
온도 21~25℃/최저 13℃ 이상

디펜바키아 속에는 잎 모양, 색깔, 크기에 따라 다양한 품종이 있다. 실내 습도를 높게 유지해준다.

떡갈잎 고무나무

학명 Ficuslyrata **과명** 뽕나무과

빛 반양지
물 평소– 겉흙이 말랐을 때
　　 겨울– 흙 전체가 말랐을 때
온도 16~20℃/최저 5℃

과습하면 잎이 검게 변하며 떨어지므로 유의한다.

라벤더

학명 Lavandula species **과명** 꿀풀과

빛 양지
물 겉흙이 말랐을 때
　　 흙 전체가 말랐을 때

환기가 아주 중요하다.

로즈메리

학명 Rosmarinus **과명** 꿀풀과

빛 양지
물 평소– 겉흙이 말랐을 때
　　 겨울– 흙 전체가 말랐을 때
온도 15~25℃/최저 10℃

과습에 주의해야 한다.

립살리스 속

학명 Rhipsalis **과명** 선인장과

빛 반음지
물 흙이 말랐을 때

선인장이지만 건조하게 키우면 안 되며, 습도 조절을 잘 해주어야 한다.

마란타

학명 Maranta leuconeura **과명** 마란타과

빛 반양지
물 평소– 겉흙이 말랐을 때
　　 겨울– 흙 전체가 말랐을 때
온도 16~20℃/최저 13℃

따뜻하고 습한 곳을 좋아한다. 건조한 환경에서는 일정 습도를 유지시켜주는 것이 좋다.

마오리 코로키아

학명 Corokia **과명** 아르고필룸과

빛 양지 반양지
물 겉흙이 말랐을 때

화분의 흙이 마르면 금방 다 말라죽기 때문에, 물 주는 시기를 신경 써야 한다.

몬스테라

학명 Monstera deliciosa **과명** 천남성과

빛 반양지
물 평소– 흙이 항상촉촉하게
　　 겨울– 겉흙이 말랐을 때
온도 16~20℃/최저 13℃

여름에는 이파리에 분무해 주고 잎을 닦아준다. 미지근한 물을 사용하는 게 좋다. 독성이 있다.

뮤렌베키아(트리안)

학명 Muehlenbeckia complexa **과명** 마디풀과

빛 반음지
물 평소- 겉흙이 말랐을 때
　　 겨울- 흙 전체가 말랐을 때
온도 16~20℃/최저 10℃

―

번식력이 왕성하여 지저분해지기 쉬우므로 자주 정리해 줘야 한다.

박쥐란

학명 Platycerium bifurcatum **과명** 고사리과

빛 반양지
물 평소- 흙이 항상 촉촉하게
　　 겨울- 겉흙이 말랐을 때
온도 16~20℃/최저 13℃

―

습한 환경을 좋아하므로 자주 분무해준다.

벤자민 고무나무

학명 Ficus benjamina **과명** 물밤나무과

빛 반양지
물 겉흙이 말랐을 때
온도 21~25℃/최저 13℃ 이상

―

갑자기 햇빛으로 내 놓거나, 햇빛에 있다가 실내로 옮기게 되면 잎을 많이 떨구면서 힘든 기간을 보낸다.

벵갈고무나무

학명 Ficus benghalensis **과명** 뽕나무과

빛 반음지·반양지
물 겉흙이 말랄을 때
온도 21~25℃/최저 13℃ 이상

―

줄기는 회백색으로 가지에서 실타래와 같은 많은 기근을 늘어뜨린다.

보스톤고사리

학명 Nephrolepis exaltata 'Bostoniensis' **과명** 고란초과

빛 반양지
물 평소- 흙이 항상 촉촉하게
　　 겨울- 겉흙이 말랐을 때
온도 16~20℃/최저 13℃

―

직사광선은 피하고, 습도를 잘 유지시켜 줘야 한다.

산세베리아

학명 Sansevieria trifasciata **과명** 백합과

빛 어디서나
물 평소- 겉흙이 말랐을 때
　　 겨울- 흙 전체가 말랐을 때
온도 21~25℃/최저 13℃ 이상

―

과습하지 않아도 실내 온도가 낮으면 썩을 수 있다. 동물이 섭취했을 경우 구토나 설사를 일으킨다.

산호수

학명 Ardisia pusilla **과명** 자금우과

빛 어디서나
물 평소- 겉흙이 말랐을 때
　　 겨울- 흙 전체가 말랐을 때
온도 16~20℃/최저 5℃

―

추위에 약하다.

소철

학명 Cycas revoluta **과명** 소철과

빛 반양지
물 평소- 겉흙이 말랐을 때
　　 겨울- 흙 전체가 말랐을 때
온도 21~25℃/최저 5℃ 이상

―

잎끝이 날카롭고 뾰족한 편이니 찔리지 않도록 주의해야 한다.

소피아 고무나무

학명 Ficus elastica 'Sofia' **과명** 뽕나무과

빛 어디서나
물 평소- 겉흙이 말랐을 때
　　 겨울- 흙 전체가 말랐을 때
온도 13℃ 이상

잎에 먼지가 쌓이면 호흡에 방해가 되므로 잎을 자주 닦아준다.

수선화

학명 Narcissus tazetta **과명** 수선화과

빛 양지
물 충분히
온도 야간 13~15℃/
　　 낮은 야간보다 10℃ 높게

추식 구근이다.

스킨답서스

학명 Epipremnum aureum **과명** 천남성과

빛 어디서나
물 평소- 겉흙이 말랐을 때
　　 겨울- 흙 전체가 말랐을 때
온도 21~25℃/최저 13℃ 이상

여러 무늬의 종이 있어 다양하게 연출 가능하다. 동물에게는 독성이 있다.

스투키

학명 Sansevieria stuckyi Godefr **과명** 백합과

빛 어디서나
물 평소- 겉흙이 말랐을 때
　　 겨울- 흙 전체가 말랐을 때
온도 21~25℃/최저 13℃ 이상

과습하지 않아도 실내 온도가 낮으면 썩을 수 있다. 동물이 섭취했을 경우 구토나 설사를 일으킨다.

스파티필름

학명 Spathiphyllum wallisii **과명** 천남성과

빛 어디서나
물 평소- 겉흙이 말랐을 때
　　 겨울- 흙 전체가 말랐을 때
온도 21~25℃/최저 13℃ 이상

봄 여름에 흰꽃이 핀다.

실버레이디

학명 Blechnum gibbum **과명** 새깃아재비과

빛 반음지
물 평소- 흙이 항상 촉촉하게
　　 겨울- 흙 대부분이 말랐을 때
온도 20~25℃

실내의 습도를 높게 유지해줘야 한다.

싱고니움

학명 Syngonium podophyllum **과명** 천남성과

빛 반양지
물 평소- 흙이 항상촉촉하게
　　 겨울- 겉흙이 말랐을 때
온도 21~25℃/최저 10℃ 이상

줄기를 자르면 즙액이 나오는데 먹으면 위험하니 주의해야 한다.

아글라오네마

학명 Aglaonema commutatum **과명** 천남성과

빛 어디서나
물 평소- 겉흙이 말랐을 때
　　 겨울- 흙 전체가 말랐을 때
온도 21~25℃/최저 13℃ 이상

실내에서 키우기 쉬워 다양한 신 품종이 개발되고 있다.

아글라오네마 스노우화이트(스노우사파이어)

학명 Aglaonema snow white **과명** 천남성과

빛 어디서나
물 평소– 겉흙이 말랐을 때
　　겨울– 흙 전체가 말랐을 때
온도 21~25℃/최저 13℃ 이상

실내에서 키우기 쉬워 다양한 신품종이 개발되고 있다.

아라우카리아

학명 Araucaria heterophylla **과명** 아라우카리아과

빛 반양지
물 평소– 겉흙이 말랐을 때
　　겨울– 흙 전체가 말랐을 때
온도 21~25℃/최저 5℃ 이상

직사광선을 받으면 잎이 누렇게 타므로 피해야 한다. 어두운 곳에 오래 두면 모양이 흐트러진다.

아레카야자

학명 Chrysalidocarpus lutescens **과명** 야자과

빛 반양지
물 겉흙이 말랐을 때
온도 21~25℃/최저 13℃ 이상

일부 가지에만 염분을 축적하는 독특한 성질을 가지고 있다. 축적된 염분이 포화상태에 이르면 말라죽게 되므로 가지를 잘라주어야 한다.

아스파라거스 속

학명 Asparagus setaceus **과명** 백합과

빛 반양지·반음지
물 흙이 항상 촉촉하게
　　겨울– 겉흙이 말랐을 때
온도 21~25℃/최저 10℃ 이상

솜털 같은 이파리가 매력적이다.

아이비

학명 Hedera helix **과명** 두릅나무과

빛 반음지·반양지
물 평소– 흙이 항상 촉촉하게
　　겨울– 겉흙이 말랐을 때
온도 16~20℃/최저 5℃

더운 곳은 피하고 조금 서늘한 곳에서 키우는 것이 좋다. 주위가 건조할 때에는 잎에 분무해준다.

안수리움

학명 Anthurium andraeanum **과명** 천남성과

빛 반양지
물 겉흙이 말랐을 때
온도 21~25℃/최저 13℃ 이상

일산화탄소, 암모니아 가스 제거 능력이 뛰어나기 때문에 주방이나 화장실에 적합하다.

알로에

학명 Aloe ssp **과명** 나리과

빛 반음지·양지
물 평소– 흙 전체가 말랐을 때
　　겨울– 잎이 쪼글쪼글 해질 때
온도 최저 5℃ 이상

식용도 있고 아닌 것도 있으니 주의해야 한다.

알로카시아

학명 Alocasiacucullata **과명** 천남성과

빛 반양지
물 평소– 흙이 항상 촉촉하게
　　겨울– 겉흙이 말랐을 때
온도 16~20℃/최저 13℃

천년의 생명력을 지녔다는 의미가 있다.

애플민트

학명 Mentha　**과명** 꿀풀과

빛 반양지
물 평소– 흙이 항상 촉촉하게
　　 겨울– 겉흙이 말랐을 때
온도 15~28℃/최저 5℃

내한성이 강하며 겨울에도 뿌리는
죽지 않는다.

에크메아 파시아타

학명 Aechmea fasciata　**과명** 파인애플과

빛 반양지
물 겉흙이 말랐을 때
온도 21~25℃/최저 13℃ 이상

색깔이 선명한 포엽이 아름답고,
관상 기간이 길다.

염좌

학명 Crassula portulacea　**과명** 돌나무과

빛 양지·반양지
물 생장이 일시적으로 멈추는 여름에
　　 물을 많이 주면 뿌리가 쉽게 썩는다.
온도 15~35℃/최저 3℃

배수가 잘 되어야 한다.

엽란

학명 Aspidistra elatior　**과명** 백합과

빛 어디서나
물 평소– 겉흙이 말랐을 때
　　 겨울– 흙 전체가 말랐을 때
온도 16~20℃/최저 5℃

절화 소재로도 많이 활용되며 관리가
아주 쉽다.

오렌지자스민

학명 Murraya paniculata　**과명** 운향과

빛 양지·반양지
물 평소– 겉흙이 말랐을 때
　　 겨울– 흙 전체가 말랐을 때
온도 21~25℃/최저 13℃ 이상

진짜 자스민은 아니지만 자스민만큼
향기가 좋기 때문에 외국에서나 우리
나라에서나 모두 자스민이라 부른다.

용신목

학명 Myrtilocactus geometrizans　**과명** 선인장과

빛 양지·반양지
물 건조하게 유지
온도 최저 5℃ 이상

뿌리가 젖어있지 않도록 잘 관리
해야 한다.

워싱톤야자

학명 Washingtonia filifera(L. Linden) H. Wendl　**과명** 야자과성과

빛 반음지
물 평소– 흙이 항상촉촉하게
　　 겨울– 겉흙이 말랐을 때
온도 21~25℃/최저 13℃ 이상

사이즈가 커야 그 매력이 더욱
돋보이며 공간을 차지하는
면적이 커 큰 공간에 어울린다.

유카

학명 Yucca　**과명** 도금양과

빛 반양지
물 평소– 겉흙이 말랐을 때
　　 겨울– 흙 전체가 말랐을 때
온도 21~25℃/최저 5℃ 이상

선인장처럼 물을 자주 주지
않아야 한다.

접란

학명 Chlorophytum comosum **과명** 백합과

- **빛** 반음지·반양지
- **물** 평소– 겉흙이 말랐을 때
  겨울– 흙 전체가 말랐을 때
- **온도** 16~20℃/최저 10℃

로제트형으로 관리가 쉽다

준쿠스

학명 Juncus effusus 'Spiralis' **과명** 골풀과

- **빛** 양지·반양지
- **물** 항상 촉촉하게 유지
- **온도** 21~25℃/최저 13℃ 이상

잎의 모양이 스프링처럼 말려있으며 정수식물 중 하나이다.

줄리아 페페로미아

학명 Peperomia puteolata **과명** 후추과

- **빛** 양지
- **물** 평소– 겉흙이 말랐을 때
  겨울– 흙 전체가 말랐을 때
- **온도** 21~25℃/최저 13℃ 이상

생명력이 강해 관리만 잘 해준다면 튼튼하게 키울 수 있다.

카멜레온 달개비

학명 Zebrina pendula **과명** 닭의 장풀과

- **빛** 반양지
- **물** 평소– 겉흙이 말랐을 때
  겨울– 흙 전체가 말랐을 때
- **온도** 21~25℃/최저 10℃ 이상

덩굴성 식물로 행잉으로 연출하면 좋다.

칼라데아 마코야나

학명 Calathea makoyana **과명** 마란타과

- **빛** 반양지
- **물** 평소– 겉흙이 말랐을 때
  겨울– 흙 전체가 말랐을 때
- **온도** 21~25℃/최저 13℃ 이상

관리하기 쉬우며 실내 어디에 두어도 좋아요.

칼라데아 메달리온

학명 Calathea medallion **과명** 마란타과

- **빛** 반음지
- **물** 평소– 흙이 항상 촉촉하게
  겨울– 흙 대부분이 말랐을 때
- **온도** 21~25℃/최저 13℃ 이상

추위에 약하며, 주변에 스프레이를 자주 해주는 것이 좋다.

칼라데아 인시그니스

학명 Calathea insignis **과명** 마란타과

- **빛** 반양지
- **물** 평소– 겉흙이 말랐을 때
  겨울– 흙 전체가 말랐을 때
- **온도** 1~25℃/최저 13℃ 이상

어두운 곳에 오래 있으면 잎 끝이 아래로 처지거나 싹 끝이 시들고, 건조할 경우에는 잎이 말리므로 직사광선을 피한다.

칼랑코에

학명 Kalanchoe blossfeldiana **과명** 돌나무과

- **빛** 반양지
- **물** 평소– 겉흙이 말랐을 때
  겨울– 흙 전체가 말랐을 때
- **온도** 16~20℃/최저 13℃

누구나 쉽게 키울 수 있다.

코르딜리네 레드에지(레드비치)

학명 Cordyline terminalis 'Rededge' **과명** 백합과

- **빛** 반양지·양지
- **물** 평소– 흙이 항상 촉촉하게
  겨울– 겉흙이 말랐을 때
- **온도** 21~25℃/최저 13℃ 이상

햇빛을 잘 봐야 색이 아름답게 유지된다.

크로톤

학명 Codiaeum variegatum **과명** 대극과

- **빛** 반양지
- **물** 평소– 겉흙이 말랐을 때
  겨울– 흙 전체가 말랐을 때
- **온도** 21~25℃/최저 13℃ 이상

온도에 대해서는 민감하게 반응하여 저온에서는 잎이 잘 떨어진다. 매년 봄에 분을 갈아줘야 한다.

킨기아눔

학명 kingianum **과명** 난초과

- **빛** 양지 반양지
- **물** 겉흙이 말랐을 때
- **온도** 온도 7~9℃/최저 5℃ 이상

직사광선을 좋아하며, 극저온성 난으로 사계절 쉽게 키울 수 있다.

테이블야자

학명 Chamaedorea elegans **과명** 야자과

- **빛** 음지 반음지·반양지
- **물** 평소– 흙이 항상 촉촉하게
  겨울– 겉흙이 말랐을 때
- **온도** 21~25℃/최저 13℃ 이상

충분한 관수가 필요하다.

틸란드시아

학명 Tillandsia cyanea **과명** 파인애플과

- **빛** 반양지
- **물** 건조하지않도록 자주 분무해 준다.
- **온도** 16~24℃/최저 10℃

추위에 약하다.

파초일엽

학명 Asplenium antiquum **과명** 꼬리고사리과

- **빛** 반음지
- **물** 건조하게 유지
- **온도** 평소– 흙이 항상 촉촉하게
  겨울– 겉흙이 말랐을 때

잎 양면은 모두 밝은 녹색이며 아래쪽은 자줏빛이 도는 갈색이다.

파키라

학명 Pachira aquatica **과명** 물밤나무과

- **빛** 반양지
- **물** 평소– 겉흙이 말랐을 때
  겨울– 흙 전체가 말랐을 때
- **온도** 21~25℃/최저 13℃ 이상

이산화탄소를 없애는 능력이 뛰어나므로 베란다 또는 거실에서 키우면 좋다.

푸밀라

학명 Ficus pumila 'Variegata' **과명** 뽕나무과

- **빛** 어디서나
- **물** 평소– 겉흙이 말랐을 때
  겨울– 흙 전체가 말랐을 때
- **온도** 21~25℃/최저 7℃ 이상

높은 습도를 좋아한다. 오랜 기간 잘 키우기가 어려우므로 매년 봄 분갈이를 해줘야 한다.

푸테리스 고사리

학명 Pteris multifida **과명** 고사리과

빛 반양지
물 평소– 흙이 항상 촉촉하게
　　　겨울– 겉흙이 말랐을 때
온도 16～24℃/최저 5℃

증산효과가 뛰어나다.

필로덴드론 레드 콩고

학명 Philodendron 'Congo' **과명** 천남성과

빛 반양지
물 평소– 겉흙이 말랐을 때
　　　겨울– 흙 전체가 말랐을 때
온도 21～25℃/최저 13℃ 이상

추위에 약하므로 주의한다.

필로덴드론 셀로움

학명 Philodendron selloum **과명** 천남성과

빛 반양지
물 평소– 겉흙이 말랐을 때
　　　겨울– 흙 전체가 말랐을 때
온도 21～25℃/최저 13℃ 이상

다습한 환경을 좋아하며, 거름이 풍부한 배양토가 좋다.

호야

학명 Hoya carnosa **과명** 박주가리과

빛 반양지
물 평소– 겉흙이 말랐을 때
　　　겨울– 흙 전체가 말랐을 때
온도 21～25℃/최저 13℃ 이상

덩굴성 식물이며 키우기 쉬워 인기가 많다.

호접란

학명 Phaelenopsis spp. **과명** 난초과

빛 반양지
물 평소– 겉흙이 말랐을 때
　　　겨울– 흙 전체가 말랐을 때
온도 16～20℃/최저 5℃

꽃이 화려하고 우아하여 선물용으로 인기가 많다.

미세먼지 없애주는 우리 집 반려식물
오늘부터 우리집에
식물이 살아요

1판 1쇄 인쇄 2018년 4월 23일
1판 1쇄 발행 2018년 4월 30일

지은이 권지연
기획 편집 CASA LIBRO
펴낸이 송주영
펴낸곳 북센스

사진 이은솔, 유지애
촬영 도움 최정은
디자인 행복한물고기HappyFish
콘텐츠 개발 이재희
마케팅 박선정
경영지원 이은경

출판등록 2004년 10월 12일 제 313-2004-000237호
주소 서울시 은평구 통일로 684 서울혁신파크 미래청 401호
전화 02-3142-3044
팩스 0303-0956-3044
이메일 ibooksense@gmail.com

ISBN 978-89-93746-43-3 (13590)

이 책에 실린 모든 내용은 저작권법에 따라 보호받는 저작물이므로 무단 전재나 복제를 금합니다.

값 16,800원